Éthique économique et sociale

Nouvelle édition

Éditions La Découverte
9 *bis*, rue Abel-Hovelacque
75013 Paris

Catalogage Électre-Bibliographie
ARNSPERGER, Christian*VAN PARIJS, Philippe
Éthique économique et sociale. — Nouv. éd. — Paris : La Découverte, 2003. — (Repères ; 300)
ISBN 2-7071-3944-0

Rameau :	économie politique : aspect moral
	morale sociale
	morale des affaires
Dewey :	171 : Éthique. Systèmes et doctrines
Public concerné :	Niveau universitaire. Public motivé

Le logo qui figure au dos de la couverture de ce livre mérite une explication. Son objet est d'alerter le lecteur sur la menace que représente pour l'avenir de l'écrit, tout particulièrement dans le domaine des sciences humaines et sociales, le développement massif du photocopillage.

Le Code de la propriété intellectuelle du 1er juillet 1992 interdit en effet expressément la photocopie à usage collectif sans autorisation des ayants droit. Or, cette pratique s'est généralisée dans les établissements d'enseignement supérieur, provoquant une baisse brutale des achats de livres, au point que la possibilité même pour les auteurs de créer des œuvres nouvelles et de les faire éditer correctement est aujourd'hui menacée.

Nous rappelons donc qu'en application des articles L. 122-10 à L. 122-12 du Code de la propriété intellectuelle, toute reproduction à usage collectif par photocopie, intégralement ou partiellement, du présent ouvrage est interdite sans autorisation du Centre français d'exploitation du droit de copie (CFC, 20, rue des Grands-Augustins, 75006 Paris). Toute autre forme de reproduction, intégrale ou partielle, est également interdite sans autorisation de l'éditeur.

Si vous désirez être tenu régulièrement informé de nos parutions, il vous suffit d'envoyer vos nom et adresse aux Éditions La Découverte, 9 *bis*, rue Abel-Hovelacque, 75013 Paris. Vous recevrez gratuitement notre bulletin trimestriel **À la Découverte**. Vous pouvez également retrouver l'ensemble de notre catalogue et nous contacter sur notre site **www.editionsladecouverte.fr**.

© Éditions La Découverte et Syros, Paris, 2000.
© Éditions La Découverte, Paris, 2003.

Prologue : L'éthique économique et sociale, version « moderne »

Où commence l'inacceptable ? Qu'est-ce qui fera que nos existences auront valu la peine d'être vécues ? Faut-il tenter de rendre nos sociétés plus justes ou de les rendre plus libres ? Comment résoudre les conflits quotidiens entre nos plaisirs et nos devoirs, entre nos multiples allégeances, entre les attentes légitimes de nos proches et les besoins vitaux des plus nécessiteux ? Faut-il respecter la loi même si d'autres la violent, même si beaucoup d'autres la violent, même si tous les autres la violent ? Dans des sociétés de plus en plus diverses, de plus en plus libérées, de plus en plus désemparées, ces questions sont aujourd'hui plus aiguës et plus urgentes que jamais.

Notre conviction est qu'il est possible de répondre à de telles interrogations, et ce livre a pour objet de montrer concrètement comment s'y prendre, dans le domaine particulier de l'éthique économique et sociale. Quoique conçu comme une introduction didactique et équilibrée à ce domaine, il n'a pas la prétention d'être neutre. Nous afficherons notre adhésion à une certaine manière de pratiquer l'éthique économique et sociale. Nous ne cacherons pas non plus les réponses que nous pensons pouvoir apporter à certaines des questions centrales qu'elle pose.

Comme l'enseignement qu'il vise à assister, un manuel d'éthique peut et doit faire place à la formulation de convictions qui sont parfois au cœur de l'existence de ses auteurs. Cependant ni ce livre ni l'enseignement qui l'inspire n'ont pour but de transmettre des convictions toutes faites ; ils entendent bien plutôt initier à une *pratique intellectuelle*, dont il importe de préciser d'emblée le statut et de délimiter l'ambition.

1. Jugements de valeur et jugements de fait

Si la science a trait à ce qui est, l'éthique porte sur ce qui doit être. Lorsque nous nous demandons combien il y a de sans-papiers dans notre pays, combien il y en avait il y a cinquante ans, combien il y en aura l'année prochaine, pourquoi il y en a plus en Italie qu'en Espagne, nous posons des questions factuelles, qui relèvent d'une démarche scientifique. Nous entrons dans le domaine de l'éthique lorsque nous nous demandons, par exemple, s'il faut héberger dans notre mansarde le sans-papiers qui sonne à notre porte, si notre communauté se doit d'en accueillir dans son église ou dans sa mosquée, s'il faut que les pouvoirs publics de notre pays légalisent leur séjour d'un coup net, ou encore s'il s'impose de pulvériser la distinction entre les sans-papiers et les autres pour accorder à toute femme et à tout homme, d'où qu'ils viennent et où qu'ils résident, les mêmes droits et les mêmes devoirs.

Si les réponses aux questions de la science constituent des jugements de fait, ou encore des énoncés descriptifs, les réponses aux questions éthiques constituent en revanche des jugements de valeur, ou des énoncés normatifs, ou prescriptifs, ou encore évaluatifs. L'usage de verbes tels que « falloir », « pouvoir » et « devoir » est un indicateur utile de la nature normative d'un énoncé. Mais il est loin d'être pleinement fiable. « Si l'on veut réduire le nombre de sans-papiers demain, entend-on parfois, il ne faut surtout pas les régulariser en masse aujourd'hui. » On utilise ici le verbe « falloir » sans pour autant formuler un énoncé normatif. Il importe en effet de considérer, selon la célèbre distinction d'Immanuel Kant [1785], deux types d'impératifs. Les impératifs *hypothétiques* sont des « il faut » ou des « tu dois » conditionnels, qui désignent les moyens les plus appropriés pour atteindre des fins prédéterminées. Les impératifs *catégoriques* sont des « il faut » ou des « tu dois » inconditionnels, non pas au sens où ils s'appliqueraient en toute circonstance, mais au sens où ils sont affirmés « tout court » sans être, comme le sont les impératifs hypothétiques, suspendus à l'acceptation de fins auxquelles rien ne dit que l'on souscrit. Si les impératifs catégoriques sont par excellence des énoncés normatifs, les impératifs hypothétiques n'en ont en revanche que l'apparence et ne constituent qu'une catégorie particulière d'énoncés descriptifs.

Inversement, de nombreux énoncés présentent les apparences d'énoncés descriptifs mais n'en sont pas moins

Deux types de démarche

Démarche scientifique :	**Démarche éthique :**
Énoncés descriptifs (ou jugements de fait) *parmi lesquels* Impératifs hypothétiques	Énoncés normatifs (ou jugements de valeur) *parmi lesquels* Impératifs catégoriques

normatifs. C'est clairement le cas si nous disons de quelqu'un qu'il agit bien ou mal, ou d'une situation qu'elle est juste ou inique. C'est aussi le cas si nous disons de quelqu'un qu'il se comporte d'une manière admirable, incorrecte ou affligeante — alors que ce n'est pas le cas si nous disons qu'il se comporte d'une manière courtoise, inhabituelle ou dérangeante. C'est encore le cas si nous disons d'une situation qu'elle est inacceptable ou révoltante — alors que ce n'est pas le cas si nous disons qu'elle est inimaginable ou alarmante. C'est enfin le cas lorsque nous affirmons que chacun a le droit de s'exprimer librement, alors que ce n'est pas le cas si nous observons qu'en vertu des lois en vigueur chacun a le droit à des congés payés. La question clé est de savoir dans quelle mesure nous interprétons ce que nous disons comme impliquant un impératif catégorique, c'est-à-dire l'affirmation qu'à nos yeux (et non à la condition d'adopter un objectif auquel nous n'adhérons pas nécessairement) « il faut » adopter ou éviter tel ou tel comportement, maintenir ou abolir telle ou telle situation.

2. L'objet de l'éthique économique et sociale

L'éthique économique et sociale ne correspond qu'à une portion du champ de l'éthique. Comment en définir les contours ?

L'éthique économique

La notion d'éthique économique n'a de sens que dans des sociétés où l'activité qualifiée d'« économique » s'est suffisamment différenciée des autres aspects de l'existence. C'est le cas dans des sociétés comme la nôtre où l'échange, et en particulier l'échange monétaire, occupe une place importante. La sphère économique peut alors être définie par l'ensemble des activités d'échange de biens et services et de production associée à cet échange. L'éthique économique est la partie de l'éthique qui traite des comportements et des institutions relatifs à cette sphère : comment devons-nous nous comporter individuellement dans ces activités d'échange et de production (c'est la dimension individuelle de l'éthique économique), et comment devons-nous définir collectivement les règles légales auxquelles ces activités doivent se soumettre (c'est sa dimension institutionnelle) ?

De la sphère économique ainsi définie, on entend souvent dire qu'elle est aujourd'hui devenue, et qu'elle devient toujours davantage, la sphère dominante de nos existences. Il n'est dès lors guère étonnant que l'éthique économique ait suscité, au cours des dernières décennies, un intérêt tout particulier. Il importe cependant de ne pas considérer l'économie comme un domaine isolé de l'ensemble de la vie sociale. C'est le souci d'encastrer résolument l'éthique économique dans l'éthique sociale, tout en prenant acte de son importance particulière, qui se reflète dans l'expression utilisée dans le titre de ce livre.

L'éthique sociale

Qu'est-ce alors que l'éthique sociale ? Telle que nous l'entendrons ici, elle n'est rien d'autre que la partie de l'éthique qui porte sur les institutions sociales plutôt que sur le comportement individuel, sur la manière dont nous devons organiser collectivement notre société (locale, nationale, continentale ou planétaire) plutôt que sur la manière dont chacun de nous doit se comporter en son sein. En ce sens, l'éthique sociale est simplement la philosophie politique, entendue comme une partie de la philosophie morale ou de l'éthique.

La composante institutionnelle de l'éthique économique constitue, à son tour, un sous-ensemble de l'éthique sociale, celui qui traite des institutions régulant directement ou indirectement l'échange et la production de biens et de services. La composante individuelle de l'éthique économique, quant à elle, ne relève pas de l'éthique sociale en ce sens, mais seulement en un sens plus large encore, pratiquement coextensif à la définition de l'éthique tout court, qui étendrait son champ à toute forme de comportement social. Il en va de même de l'entité intermédiaire que constitue la déontologie professionnelle, c'est-à-dire les règles qu'une catégorie professionnelle choisit s'impose à elle-même. Elle appartient bien entendu à l'éthique sociale en ce sens très large, mais pas au sens plus spécifique de la part de l'éthique qui concerne les institutions de la société dans son ensemble.

La structure de l'éthique économique et sociale

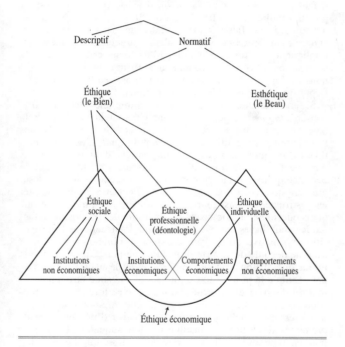

3. La méthode de l'équilibre réfléchi

Le défi de Hume

Qu'il s'agisse ou non d'éthique économique et sociale, la manière dont l'éthique a été définie plus haut soulève d'emblée une question : comment est-il possible d'établir une affirmation éthique ? Supposons, par exemple, que nous nous demandions s'il est « vrai » que nous devons accorder l'asile aux réfugiés politiques. Il n'est alors pas trop difficile d'imaginer comment il faut s'y prendre pour établir qu'il existe une règle de droit positif stipulant une telle obligation. Il n'est pas trop difficile non plus de vérifier s'il existe, dans une société donnée, des coutumes informelles ou des valeurs largement partagées qui impliquent une telle obligation. Mais, dans ces deux cas, la proposition est comprise comme une affirmation *factuelle*, qu'il nous est loisible de réfuter ou de corroborer en la soumettant à l'épreuve d'un ensemble de faits pertinents.

Si, en revanche, on la comprend comme une véritable affirmation *éthique*, ne peut-on pas malgré tout la justifier sur la base de propositions factuelles ? Pour établir que nous avons l'obligation d'accueillir des réfugiés politiques, n'est-il pas pertinent d'invoquer le fait que, s'ils rentrent dans leur pays, ils ont une forte probabilité d'être persécutés, ou le fait que le bénéfice qu'ils retirent de notre accueil excède de loin le désagrément que leur séjour nous cause ? Peut-être. Mais à scruter les justifications ainsi fournies, on s'apercevra rapidement que quels que soient le nombre et la généralité des propositions factuelles mobilisées, on ne pourra jamais en déduire la proposition normative qu'il s'agit d'étayer. L'obligation de fournir asile ne découle de la forte probabilité de persécution en cas de retour que si l'on y ajoute une prémisse de nature normative, par exemple la proposition selon laquelle chaque être humain a le droit de vivre en sécurité. Formulée avec force par le philosophe écossais David Hume [1751], cette impossibilité logique d'inférer une conclusion normative à partir d'un ensemble de prémisses descriptives constitue un défi auquel l'éthique doit pouvoir répondre si elle veut être autre chose que l'expression de pures opinions.

Pour certains, ce défi ne peut être relevé de manière satisfaisante que dans le registre de la théologie morale, où les prémisses normatives sont fournies par des injonctions ou des interpellations divines, telles qu'interprétées par la tradition d'une communauté religieuse ou par ses autorités instituées. Pour d'autres, le défi de Hume ne peut être relevé qu'en s'appuyant sur une anthropologie philosophique, une théorie spéculative quant à la nature de l'homme susceptible de se prononcer non seulement sur ce qu'est l'homme, mais aussi sur ce qu'il a à être.

Aujourd'hui cependant, dans nos sociétés irréductiblement pluralistes, même lorsqu'une place est faite à des approches de ce type, elles doivent nécessairement s'insérer dans le cadre d'une démarche plus globale qui peut être caractérisée, pour reprendre l'expression de John Rawls [1951, 1971], comme la recherche d'un *équilibre réfléchi*.

Une quête de cohérence, non de fondement absolu

Cette démarche n'a rien de vraiment neuf. Elle a des origines socratiques manifestes, et aucun moraliste qui s'aventure aujourd'hui dans la discussion argumentée, non dogmatique, de questions concrètes ne peut s'empêcher de la pratiquer. Elle consiste à tenter de formuler des principes généraux quant à ce que nous devons faire, individuellement ou collectivement, et à confronter les implications de ces principes à nos jugements moraux bien réfléchis, dans les circonstances (réelles ou hypothétiques) les plus diverses. Au cas où apparaît un conflit avec un jugement suffisamment ferme pour que nous ne soyons pas prêts à y renoncer, il nous faut rejeter le principe que nous avions cru pouvoir formuler, ou à tout le moins le réviser de manière à éliminer le conflit en question. Si, par exemple, nous estimons devoir condamner le recours à la peine capitale au nom du principe du respect absolu de la vie humaine ou de l'affirmation de son caractère sacré, il nous faut confronter ce principe à nos jugements biens réfléchis concernant le suicide, l'avortement, l'euthanasie, le recours aux sanctions militaires ou économiques, le rationnement implicite ou explicite d'interventions médicales permettant de prolonger la vie de personnes âgées, etc. En cas de conflit, le principe invoqué doit être abandonné ou amendé jusqu'à ce que la cohérence soit restaurée.

Une telle démarche ne prétend pas fournir aux questions éthiques une forme de fondement absolu. Elle a pour point de départ le fait suivant, très simple mais fondamental : il nous est aussi difficile de nier qu'il y ait des actions bonnes et des actions mauvaises, des situations justes et des situations injustes, qu'il nous est difficile de nier qu'il y ait des propositions vraies et des propositions fausses. Lorsque quelqu'un conteste le jugement moral que nous portons ainsi sur une action ou une situation, ou lorsque nous nous interrogeons nous-mêmes sur le bien-fondé de ce jugement, nous sommes amenés à formuler des *raisons* de porter un tel jugement. Ces raisons font toujours appel (implicitement ou explicitement) à des principes éthiques, à des propositions plus ou moins générales quant à ce qui doit être. Ce qui meut la démarche éthique est alors le souci de *cohérence*, le souci de formuler explicitement, et de la manière la plus simple possible, un ensemble de principes qui confère une unité à l'ensemble de nos jugements moraux face aux circonstances les plus diverses. D'un tel ensemble de principes ne doit découler aucun jugement que nous serions embarrassés de devoir porter. Ne peuvent s'en déduire que des jugements auxquels nous adhérons sans réserve, ainsi que des jugements face à des actions ou situations moralement moins évidentes, dont ils peuvent dès lors guider l'évaluation.

4. Le privilège de la justice sociale

L'éthique économique et sociale contemporaine accorde une place privilégiée au sous-domaine constitué par la théorie de la justice sociale. Entendue comme l'ensemble des principes qui régissent la définition et la répartition équitable des droits et des devoirs entre les membres de la société, cette théorie se concentre sur les institutions sociales, plutôt que sur le comportement individuel, et plus spécifiquement sur une qualité parmi d'autres de ces institutions : leur caractère juste, plutôt que, par exemple, leur aptitude à favoriser la croissance ou la convivialité.

Ce privilège, la théorie de la justice sociale le doit au fait qu'il semble à la fois plus important et plus aisé d'apporter une réponse aux questions qu'elle pose qu'à la question, plus vaste, de savoir ce qu'est une société bonne, ou à des questions relatives à ce qui est éthiquement correct quant au comportement d'individus ou d'organisations. Caractériser la justice sociale est *plus important*, parce que si chaque personne ou organisation volontaire peut se voir sans grand problème accorder le loisir de déterminer ce qui importe pour sa propre existence, ce ne peut être que dans le cadre de contraintes institutionnelles qui rendent compatibles ces options individuelles mais qu'il nous faut bien déterminer collectivement et dont la vertu principale, si elles doivent être acceptées par tous, est qu'elles soient *justes*. Caractériser la justice sociale est aussi *plus aisé* parce que le fait même que ces institutions doivent pouvoir être perçues comme équitables par des personnes pouvant avoir des conceptions très différentes de la vie bonne, qu'elles doivent pouvoir être justifiées à chacune d'entre elles, fixe des contraintes sur lesquelles peut s'appuyer l'argumentation quant au contenu de la justice sociale.

Il ne peut cependant être cohérent de concéder ce primat à la justice sociale que s'il est possible (pour le dire d'une façon très lapidaire) de faire de l'éthique sans morale ou, plus exactement, s'il est défendable d'élaborer une conception de la société juste qui ne s'appuie pas sur une conception particulière de la vie bonne. Ce présupposé, commun aux conceptions que nous appellerons simplement « modernes » de l'éthique économique et sociale, n'est pas partagé, par exemple, par une éthique sociale traditionnelle d'inspiration chrétienne, qui conçoit les institutions justes comme des institutions qui permettent, récompensent ou promeuvent une conception chrétienne de la vie bonne. Il a également fait l'objet de critiques récurrentes de la part de certains des auteurs qualifiés de « communautariens » (voir encadré). Ces critiques posent des questions « méta-éthiques » qui sont d'une grande importance pour comprendre le statut de l'éthique économique et sociale moderne et les relations qu'elle entretient d'une part avec ces épisodes historiques singuliers que constituent l'avènement, puis la diffusion de la démocratie libérale et, d'autre part, avec une vision particulière de la nature de l'être humain comme un individu maître et responsable des fins qu'il s'assigne. Nous supposerons tout au long de ce livre que ces critiques peuvent recevoir une réponse satisfaisante. Il importe toutefois de prendre au sérieux la difficile question des ressources psychologiques et existentielles dont doivent être dotés les membres d'une société pluraliste viable (sentiment d'une existence sensée, résistance à l'angoisse, capacité d'acceptation d'autrui comme autre, aptitude à supporter la présence de ceux qui nous sont étrangers, etc.), ressources qui ne sauraient se réduire à un sens de la justice ou à une appartenance communautaire (voir notamment Bellet [1993, 1998], Rojzman [1999], Arnsperger [2000a, 2000b, 2000c, 2002a, 2002b]).

Au-delà de la justice ?
Les « communautariens »

« Communautariens » est un terme utilisé aux États-Unis à partir des années soixante-dix pour désigner un ensemble très hétérogène d'auteurs qui ont en commun d'insister sur la dimension « communautaire » (familiale, associative, patriotique) de la vie sociale et de reprocher aux auteurs dits « libéraux » le caractère excessivement individualiste de leur approche. Une part importante de cette discussion s'est située à un niveau d'abstraction très élevé, comme par exemple la célèbre critique de John Rawls par Michael Sandel [1982]. Cependant, plusieurs auteurs dits « communautariens » ne se sont pas cantonnés à des considérations méta-éthiques ou à des reconstructions historiques. Les positions de certains d'entre eux, comme Michael Walzer [1983, 1997], peuvent s'interpréter sans trop de difficulté dans le cadre d'une conception « moderne » de l'éthique économique et sociale, par exemple comme des tentatives de proposer des version plus subtiles ou plus complexes d'un égalitarisme libéral (voir chapitre IV ci-dessous).

D'autres, comme Alasdair MacIntyre [1981], rejettent ce cadre « moderne » et défendent, y compris dans ses implications institutionnelles, un mode d'argumentation ne se laissant pas contraindre par l'égal respect des conceptions de la vie bonne qui se côtoient dans nos sociétés pluralistes. D'autres encore, souvent sociologues plus que philosophes (par exemple Etzioni [1993]), mettent l'accent sur certaines qualités des sociétés et de leurs institutions — la chaleur des relations humaines, la confiance, la cohésion sociale — qui sont conceptuellement irréductibles à la justice, même si elles n'en sont pas causalement indépendantes. N'est-il pas concevable, en effet, qu'une société pleinement juste au sens des « modernes » engendre des individus déracinés, désorientés, dotés de la seule identité fragile que laissent subsister une mobilité individuelle toujours plus grande et l'éclatement corrélatif de toute communauté forte (voir par exemple Walzer [1990] ; Taylor [1992]) ?

5. Quatre approches

Nous ne présenterons dès lors que des approches de l'éthique économique et sociale qui sont « modernes » au sens où nous l'entendons, et donc centrées sur l'élaboration de principes caractérisant des institutions justes, même si les traditions dans lesquelles elles s'inscrivent contiennent indiscutablement, parfois même principalement, des visions de la société bonne « perfectionnistes », c'est-à-dire fondées sur une conception préalablement établie de ce qu'est la vie bonne ou la perfection humaine. Les quatre approches retenues sont l'utilitarisme, le libertarisme, le marxisme et enfin l'égalitarisme libéral. Cette sélection repose sur la conviction que ces quatre approches fournissent les repères fondamentaux, les points cardinaux de la réflexion et de la discussion contemporaines dans ce domaine.

N'aurait-il pas été opportun d'ajouter à cette liste des conceptions de la justice « sociale-démocrate » ou « néo-libérale », « féministe » ou « écologiste » ? Pas du tout. Il ne s'agit en effet pas, ici, de refléter la manière dont le champ politique structure superficiellement les débats idéologiques, mais de faire craquer des apparences souvent hybrides ou confuses pour faire apparaître la cohérence (ou l'incohérence) des théories philosophiques sous-jacentes. Ce qu'on appelle communément le « néolibéralisme », par exemple, est un ensemble bigarré d'arguments dont la conclusion recommande un recours accru au marché, mais dont la prémisse normative majeure relève dans ses versions extrêmes du libertarisme, le plus souvent de l'utilitarisme, parfois même de l'égalitarisme libéral. Que des courants d'opinion ou des mouvements sociaux apparaissent et émettent des revendications radicales — et radicalement nouvelles — n'implique pas que les prémisses éthiques fondamentales auxquelles ils recourent soient, elles aussi, radicalement nouvelles. Souvent, il s'agit simplement de *renouvellements interprétatifs* plus ou moins drastiques : la recherche d'un équilibre réfléchi peut mettre en évidence certaines conséquences radicales inédites, qui découlent de la prise au sérieux de principes normatifs qui forment le noyau de nos points cardinaux — par exemple la maximisation du « bonheur national net » pour une partie de l'écologisme, ou une pleine égalité des chances et l'abolition de toute forme d'exploitation pour une partie du féminisme.

Afin de montrer comment les quatre approches présentées peuvent servir à articuler des jugements (parfois profondément différents) face à des thématiques particulières, nous avons retenu ici deux domaines particuliers, les soins de santé et les migrations. C'est dans l'explicitation d'implications précises et dans la réflexion sur leur acceptabilité que se déploie la quête d'un équilibre réfléchi. Déjà manifeste dans la présentation critique des quatre théories de référence qui constitue la première partie, cette quête l'est encore davantage dans l'argumentation contrastée qui forme la seconde partie. Notre pratique pédagogique nous a convaincus que rien ne pouvait égaler, dans l'apprentissage de la démarche de l'éthique telle que nous la concevons, la possibilité de travailler en groupe, sur la toile de fond fournie par diverses théories, sur des questions éthiques précises. Nous présentons, au début de cette seconde partie, le scénario d'enseignement de l'éthique économique et sociale qui a été graduellement mis au point à la chaire Hoover.

En guise d'épilogue, nous reviendrons à la question de savoir comment se pose, dans le cadre d'une pratique « moderne » de l'éthique économique et sociale, la question du rapport entre justice des institutions et conduite personnelle.

PREMIÈRE PARTIE :
QUATRE POINTS CARDINAUX

I / L'utilitarisme

Première référence fondamentale de l'éthique économique et sociale contemporaine, l'utilitarisme a constitué pendant longtemps le cadre exclusif de la réflexion éthique explicite des économistes. Aujourd'hui encore, il compte de nombreux adeptes, déclarés ou implicites, bien au-delà des praticiens de la *welfare economics*. Il est d'une grande généralité et d'une grande simplicité, et articule avec rigueur une idée somme toute fort plausible : une société juste est une société heureuse.

Fondé par Jeremy Bentham [1789], baptisé et popularisé par John Stuart Mill [1861], systématisé par Henry Sidgwick [1874], l'utilitarisme ainsi défini se veut une doctrine résolument moderne, humaniste et altruiste. Héritier des Lumières du XVIIIe siècle et profondément influencé par l'empirisme anglais, il prône l'abandon de toute idée de droit naturel et de toute métaphysique englobante : aucune autorité suprême ne peut décréter ce qui est juste ou bon pour l'humanité ; seuls comptent les états de plaisir ou de souffrance vécus par les êtres humains. Quelle que soit la décision à prendre, il nous faut faire abstraction de nos intérêts et de nos penchants, de nos préjugés moraux, de nos conceptions métaphysiques et de nos croyances religieuses, et nous soucier exclusivement de poursuivre « le plus grand bonheur du plus grand nombre ».

1. La maximisation du bien-être agrégé

Pour préciser le contenu de l'utilitarisme, supposons que nous ayons à choisir entre deux options, *A* et *B*. Il peut s'agir d'actions individuelles, par exemple *A* : investir 1 000 francs

John Stuart Mill, un utilitariste libéral, socialiste et féministe

Né à Londres (1806) et mort en Avignon (1873), John Stuart Mill fut un philosophe des sciences (*Système de logique déductive et inductive*, 1843) et un économiste (*Principes d'économie politique*, 1848) de premier plan mais, avant tout, l'un des philosophes politiques les plus marquants du XIXe siècle. Honoré à la fois comme l'un des pères fondateurs du libéralisme (*De la liberté*, 1859), du socialisme (*Du socialisme*, 1879) et même du féminisme (*L'Asservissement des femmes*, 1861), Mill est aussi l'auteur du premier grand traité sur la démocratie (*Le Gouvernement réprésentatif*, 1861) et, dans ce cadre, d'une analyse particulièrement pénétrante du nationalisme. L'ensemble de ces écrits trouve sa cohérence philosophique dans un utilitarisme que lui avait personnellement inculqué Jeremy Bentham et auquel il a donné une formulation simple et efficace (*L'Utilitarisme*, 1861) et, par là, une diffusion durable.

dans une SICAV, ou B : les envoyer au Bangladesh. Il peut aussi s'agir d'actions collectives, par exemple A : admettre la Turquie au sein de l'Union européenne, ou B : la refuser. Face à de tels choix, l'utilitarisme propose une maxime unique : évaluons aussi exactement que possible les *conséquences* que A et B auraient sur le *bien-être*, ou *l'utilité*, de chaque membre de la collectivité considérée ; calculons, pour chacune des options, la somme des niveaux de bien-être qu'elle permet aux membres de la collectivité d'atteindre, et choisissons celle des deux options qui maximise cette somme, c'est-à-dire qui produit le *bien-être agrégé* le plus élevé.

L'utilitarisme, de toute évidence, est une théorie éthique *conséquentialiste* : actions, politiques et institutions ne sont pas jugées en fonction de leur nature intrinsèque, en fonction des intentions qui les inspirent, des vertus qu'elles manifestent ou des devoirs auxquels elles se conforment ; elles ont à être jugées en fonction des conséquences que l'on peut, avec plus ou moins de certitude, leur attribuer. Plus précisément, l'utilitarisme est un conséquentialisme *individualiste* : le bien ultime qui préside à l'évaluation des conséquences se réduit à l'agrégat des biens individuels et le « tout social », d'un point de vue éthique, n'excède pas la somme de ses parties. Plus précisément encore, l'utilitarisme est un conséquentialisme *welfariste* : le bien des individus, la seule chose qui intervienne dans l'évaluation des conséquences, est exclusivement conçu comme leur niveau de bien-être — en anglais, *welfare*.

Cette notion de bien-être, ou d'utilité, comment faut-il la comprendre ? Dans l'interprétation *hédoniste* de Bentham, on raisonne en termes de « plaisir » et de « peine ». Pour maximiser l'utilité agrégée, il faut réduire autant que possible les douleurs dont les individus ont à souffrir tout en tentant de leur procurer un maximum de plaisir. Pareille interprétation laisse inévitablement de côté une bonne part de ce qui affecte la valeur ou le sens de la vie humaine, comme le plaisir esthétique ou intellectuel, ou la souffrance psychique, ou encore la détresse spirituelle. Cependant, rien n'empêche d'élargir la notion d'utilité, comme l'a fait J. S. Mill, de manière à intégrer ces dimensions plus subtiles du plaisir et de la peine. Et rien ne s'oppose, dès lors, à ce qu'on puisse trouver une justification utilitariste à des politiques publiques de subvention à l'art ou aux cultes par exemple, et pas uniquement au logement ou aux soins de santé.

Même élargi, cet hédonisme ne demeure-t-il pas trop étroit ? Il peut nous arriver d'accorder une grande valeur à certaines activités — la création artistique ou le dévouement au service de personnes démunies, par exemple — sans pour autant en attendre ou en retirer un véritable plaisir. Il peut aussi nous arriver de poser certains actes parce que nous estimons devoir les poser, même si nous savons pertinemment bien que soucis et souffrances en seront pour nous la conséquence. Cependant, la plupart des versions contemporaines de l'utilitarisme intègrent même ces dimensions irréductibles à tout hédonisme. L'utilité y est simplement définie comme l'indicateur de satisfaction des *préférences* d'une personne, que cette satisfaction se traduise ou non par une expérience de plaisir. Ainsi entendue, la maxime utilitariste prescrit donc de satisfaire, autant que possible, les préférences de tous, quel qu'en soit le contenu, avec pour seule restriction qu'elles soient rationnelles, c'est-à-dire ni logiquement contradictoires ni fondées sur des erreurs de fait.

Cette interprétation « large » de l'utilité rend bien entendu caduque toute critique qui, mal inspirée par les connotations du terme « utilitarisme », associerait hâtivement cette doctrine à l'égoïsme ou au matérialisme. Certes, l'utilitarisme est individualiste, au sens où l'intérêt collectif n'est rien d'autre que la somme des intérêts individuels. Mais il est aussi anti-individualiste, au sens où il exige que cet intérêt collectif l'emporte toujours sur l'intérêt particulier de chacun : pas question, par exemple, de reconnaître comme absolu le droit

Peter Singer,
un utilitariste cohérent et chahuté

D'origine australienne, Peter Singer (né en 1946) est professeur à l'université de Princeton, après avoir enseigné à Oxford et à Monash University (Australie). Philosophe soucieux des implications pratiques des théories, il est l'auteur de divers manuels d'introduction à l'« éthique appliquée » (*Practical Ethics*, 1987, *How Are We To Live ?*, 1993). Mais il s'est surtout rendu célèbre au-delà des cercles académiques par son adhésion conséquente à un utilitarisme radical. Restreint à l'espèce humaine, l'utilitarisme reste pour Singer une forme de chauvinisme moralement inacceptable. Puisque d'autres espèces animales partagent avec l'homme la capacité de jouir et de souffrir, il n'y a aucune bonne raison de les ignorer dans la maximisation du bien-être (*La Libération animale*, 1975 ; *The Expanding Circle*, 1981 ; *Defense of Animals*, 1985). Plus récemment, ses positions utilitaristes en matière d'euthanasie (*Rethinking Life and Death*, 1994) ont conduit à des réactions virulentes, surtout en Allemagne et aux États-Unis, de la part d'organisations de défense des handicapés.

qu'aurait chacun d'user de sa voiture si l'effet global sur le bien-être collectif est négatif.

En outre, l'utilitarisme ne suppose nullement que les intérêts individuels se réduisent à un souci égoïste de biens matériels. Si la population est très dévote, l'utilitarisme exigera que la préservation scrupuleuse des lieux saints et l'observation rigoureuse des fêtes religieuses l'emportent sur tout impératif économique. Et si la population adore les enfants et tire un grand plaisir du fait de les savoir heureux, l'utilitarisme recommandera que l'on dépense au profit des enfants bien plus que ce que pourrait justifier la prise en compte égale de leurs intérêts individuels.

2. Utilitarisme classique et utilitarisme moyen

L'utilitarisme est tout naturellement une doctrine universaliste, qui tient compte dans une égale mesure des préférences et de la situation de chaque membre de l'espèce humaine, quels que soient son sexe, sa race ou son rang.

Il s'étend aussi naturellement au-delà de la génération présente. La prise en compte des générations passées ne prête pas à conséquence : quoique le bien-être des morts puisse avoir été affecté par leurs attentes quant à ce que nous allions faire, l'unidirectionnalité temporelle de la causalité empêche nos actions présentes d'avoir un impact quelconque sur ce bien-être passé. En revanche, pour ce qui est des générations *futures*, nos actions peuvent profondément affecter non seulement leur sort, mais leur taille et leur existence même. Or, dès le moment où le nombre des individus n'est pas indépendant de nos actions, l'utilitarisme se dédouble.

L'*utilitarisme classique* interprète en effet le bien-être collectif comme la somme des niveaux de bien-être des individus constituant la collectivité (transgénérationnelle) considérée. L'*utilitarisme moyen* l'interprète au contraire comme le niveau moyen de bien-être de ces mêmes individus. Évidente pour Bentham et même pour Mill, la première interprétation peut aisément se motiver comme une simple généralisation au niveau collectif du critère de la maximisation, par chacun, de son bien-être personnel. Généralement préférée par les utilitaristes contemporains, la seconde interprétation peut aisément se concevoir comme l'adoption d'une maxime personnelle sous une contrainte d'impartialité (voir encadré) : elle revient à exiger que nous maximisions notre bien-être sous la contrainte d'un *voile d'ignorance* qui nous cache, entre autres, la génération à laquelle nous appartenons.

La dérivation formelle de l'utilitarisme moyen

Faisant appel à ce que John Rawls [1971] appellera plus tard « position originelle », John C. Harsanyi [1953, 1955] pose qu'un individu impartial et rationnel doit tenir le raisonnement suivant : « Je pourrais, avec une probabilité de $1/n$, être n'importe quel membre de la collectivité considérée. Le souci d'être impartial m'astreint à faire abstraction de mon identité, et je dois me demander sur cette base ce qu'il est dans mon intérêt rationnel de choisir. Il ne s'agira bien sûr pas de maximiser mon indicateur d'utilité personnelle u_k, que j'ignore par hypothèse, mais bien mon utilité *attendue*, compte tenu d'une probabilité égale d'être n'importe qui. Or, cette utilité attendue n'est autre que $\frac{1}{n}\sum_{i=1}^{n} u_i$, c'est-à-dire précisément la grandeur que l'utilitarisme moyen impose de maximiser. »

Une très vaste littérature technique s'est développée autour de la question de savoir si la démonstration de Harsanyi est logiquement cohérente, si les hypothèses sous-jacentes sont acceptables et si l'idée de « voile d'ignorance » y est correctement traduite (voir Fleurbaey [1995]).

Entre les politiques recommandées par ces deux versions de l'utilitarisme, l'écart peut être considérable. Supposons, par exemple, que nous puissions choisir entre, d'une part, des politiques familiales et socio-économiques qui maintiennent constants à la fois le volume de la population mondiale et son niveau moyen de bien-être et, d'autre part, des politiques qui en triplent le volume tout en réduisant de moitié le bien-être moyen. L'utilitariste classique choisira bien entendu cette seconde option, tandis que l'utilitariste moyen choisira la première. Aucune des deux positions n'est très confortable. L'utilitariste classique peut en effet être amené à recommander que l'humanité devienne plus misérable de génération en génération. Mais l'utilitariste moyen peut en arriver à légitimer une contraction de l'humanité par extinction de ses composantes les moins bien loties. Il n'est dès lors pas étonnant que les utilitaristes aient consacré au thème des générations futures d'abondantes et vives discussions (voir notamment Parfit [1984] et Birnbacher [1988]).

Utilitarisme classique, utilitarisme moyen et utilitarisme à seuil

Appelons n la taille de la collectivité considérée et u_i le niveau de bien-être (ou d'utilité) d'un individu. L'*utilitarisme classique* recommande de choisir l'option qui maximise la somme des utilités $\sum_{i=1}^{n} u_i$.

L'*utilitarisme moyen* recommande de choisir l'option qui maximise l'utilité par tête $\frac{1}{n}\sum_{i=1}^{n} u_i$.

Pour éviter les implications les plus inconfortables de ces deux versions, divers auteurs ont exploré des formules intermédiaires, comme le *critical-level utilitarianism* de Charles Blackorby, Walter Bossert et John Weymark [1995]. Cet utilitarisme à seuil recommande de choisir l'option qui maximise $\sum_{i=1}^{n} u_i$ sous la contrainte que $\frac{1}{n}\sum_{i=1}^{n} u_i \geq u^*$, où u^* est un niveau de bien-être jugé suffisamment confortable.

Cet utilitarisme à seuil se confond avec l'utilitarisme moyen tant que le seuil u^* n'est pas atteint, et avec l'utilitarisme classique ensuite. Ce faisant, il évite à la fois l'accumulation de la misère au nom de la maximisation de la somme et la réduction indéfinie des effectifs au nom de la maximisation de la moyenne.

3. Le problème de la mesure et l'économie du bien-être parétienne

La mise en œuvre de l'utilitarisme suppose qu'ait été résolue, théoriquement en tout cas, la question de la mesure des niveaux de bien-être collectif associés aux diverses options possibles. Or les hypothèses qui permettent de passer des préférences individuelles aux fonctions d'utilité individuelles, puis d'en faire la somme pour définir l'utilité agrégée, sont extrêmement exigeantes. Il faut notamment supposer que (*i*) chaque individu possède une, et une seule, échelle d'évaluation des différentes options possibles (c'est l'hypothèse de *cardinalité*) et que (*ii*) les échelles d'évaluation des différents individus sont *comparables entre elles* (c'est l'hypothèse de *comparabilité interpersonnelle*).

Ces deux hypothèses ont été remises en question par divers économistes dans les années trente, et un large consensus s'est alors dégagé pour se replier sur une version dite « ordinaliste » de l'utilitarisme : l'hypothèse de cardinalité est abandonnée et remplacée par l'idée selon laquelle nous n'exprimons nos préférences que par des *classements* qui ne permettent pas de dégager une échelle unique (associer aux options A, B et C les nombres 0,01, 150 et 61 497 n'a pas d'autre signification que de leur attribuer les rangs 1, 2 et 3). Il n'est dès lors plus possible de comparer des intensités de préférence d'un individu à l'autre, et la maxime utilitariste de maximisation de l'utilité globale devient inutilisable.

Prenant acte de cette critique ordinaliste tout en demeurant aussi fidèle que possible à l'esprit utilitariste, la théorie économique normative a alors été naturellement amenée à assigner une importance déterminante au critère d'« optimalité de Pareto ». Une situation A est *Pareto-optimale* s'il n'existe aucune autre situation possible B telle que, d'une part, un individu au moins préfère strictement B à A, tandis que, d'autre part, aucun individu ne préfère A à B. Une implication directe est que, si A est Pareto-optimale, il n'existe pas d'autre option qui lui soit unanimement préférée. Ce critère est le plus proche cousin non cardinaliste de l'utilitarisme ; en effet, si l'on pouvait supposer la comparabilité interpersonnelle d'utilités cardinales, toute situation maximisant la somme des utilités serait nécessairement Pareto-optimale. L'inverse, toutefois, n'est pas vrai : l'optimalité au sens de Pareto sélectionne en général un ensemble de situations beaucoup plus vaste que ne le fait l'utilitarisme.

C'est précisément là que réside le problème majeur de l'ensemble de la « nouvelle économie du bien-être », édifiée sur la base du seul critère de Pareto. Si A et B satisfont toutes deux le critère d'optimalité de Pareto, cette approche est incapable de les départager. Ce n'est que si 100 % des membres de la collectivité considérée préfèrent A à B que l'on peut affirmer la supériorité de A. C'est en grande partie pour échapper à ce risque omniprésent d'incomparabilité que s'est constituée la *théorie du choix social*, dans le sillage d'Abraham Bergson [1938], de Kenneth Arrow [1951] et d'Amartya Sen [1970].

4. La théorie du choix social et le paradoxe de Condorcet

Relayant l'approche parétienne en la généralisant, cette école de pensée a notamment procédé à une exploration systématique des règles de majorité correspondant à des exigences inférieures à 100 %. On dira que l'option A est socialement préférée à l'option B si une certaine proportion $p \leq 1$ des individus préfère A à B. Plus p est faible, plus le risque d'incomparabilité diminue, pour s'évanouir quand on atteint $p = 1/2$. En deçà de 1/2 commence à croître un autre risque : celui d'un conflit entre deux injonctions contradictoires. Il se peut, par exemple, qu'il y ait un tiers des personnes pour préférer A à B et un autre tiers pour préférer B à A. À cette lumière, il n'est évidemment pas étonnant que, minimisant tant le risque d'incomparabilité que le risque de contradiction, la règle de majorité simple ($p \geq 1/2$) ait été adoptée dans d'innombrables situations de choix d'une option unique. Malheureusement, la règle de majorité simple s'expose à un autre risque mis en évidence dans le célèbre paradoxe de Condorcet, dont Arrow a généralisé la portée dans son fameux « théorème d'impossibilité ».

La difficulté qu'illustre le paradoxe de Condorcet peut survenir avec toutes les règles de majorité à l'exception du critère de Pareto (pour lequel $p = 1$), et avec une probabilité d'autant plus grande qu'on s'éloigne de cette règle d'unanimité et se rapproche de la majorité simple ($p \geq 1/2$). La minimisation du risque d'incomparabilité va donc de pair avec la maximisation du risque d'irrationalité collective. Parmi les innombrables

Le paradoxe de Condorcet

Appelons *rationnel* un individu ou un groupe dont les préférences sont *transitives* : s'il préfère x à y et y à z, alors il préfère aussi x à z. Le paradoxe, initialement mis en évidence par le marquis de Condorcet [1785], consiste en ceci : il est possible à un groupe constitué d'individus parfaitement rationnels d'être irrationnel. Définissons la préférence du groupe par les préférences d'une majorité en son sein. On peut observer le paradoxe à l'œuvre dans l'exemple suivant, où le groupe doit choisir entre trois options et est constitué de trois individus, dont les préférences (transitives) sont décrites par les ordonnancements suivants :

	Individu 1	Individu 2	Individu 3
Premier choix	A	B	C
Deuxième choix	B	C	A
Dernier choix	C	A	B

Il y a donc une majorité pour préférer A à B (1 et 3), une majorité pour préférer B à C (1 et 2), et encore une majorité pour préférer C à A (2 et 3). La règle de vote majoritaire engendre ainsi un *cycle*, et le groupe est irrationnel. Il ne parvient pas à opérer un choix collectif entre les trois options : quelle que soit l'option qu'il choisira, il y en a toujours une qu'il lui préfère.

---

résultats de la théorie du choix social, celui-ci a une portée toute particulière : il montre que l'abandon du cardinalisme, et par conséquent de la comparabilité inter-individuelle des utilités, n'offre pas d'alternative idéale à la maximisation du bien-être agrégé.

Renoncer à l'utilitarisme originel tout en restant fidèle à son esprit apparaît donc problématique. Assez en tout cas pour que de nombreux philosophes et économistes contemporains aient décidé de ne pas se laisser obséder par ces problèmes de mesure, arguant qu'ils ne sont après tout pas plus aigus qu'ailleurs en sciences sociales, et sont donc susceptibles de solutions pragmatiques — moyennant toutefois la concession d'un degré d'approximation parfois considérable (voir par exemple Sen [1970], [1973]) ou la contraction drastique du champ de questions traitables avec la maxime utilitariste (voir par exemple Kolm [1993] ou Arnsperger [1998a]). Supposant que de telles solutions existent, nous examinons maintenant un certain nombre de difficultés proprement éthiques soulevées par l'utilitarisme.

5. La question des inégalités

Un autre domaine de discussion intense concerne la dimension distributive de l'utilitarisme. Une focalisation exclusive sur la somme ou sur la moyenne des utilités n'implique-t-elle pas une indifférence inacceptable aux inégalités entre les membres de la collectivité considérée ?

La réponse à cette question doit partir d'une propriété de base de la maxime utilitariste : l'allocation de revenus ou d'autres biens qui maximise la somme des utilités est nécessairement telle que les *utilités marginales* de tous les individus sont égales. L'utilité marginale d'un individu mesure, par définition, le gain d'utilité dont il jouirait si on lui attribuait une unité supplémentaire du bien à distribuer. Or la somme des utilités n'est maximale que s'il est impossible, par la réallocation d'un bien, d'augmenter l'utilité d'un individu davantage qu'on ne réduirait l'utilité d'un autre. Ce maximum ne peut donc être atteint que si, dans la situation où l'on se trouve, les utilités marginales de tous sont égales pour tout type de bien à distribuer. Si elles ne l'étaient pas, il serait en effet possible, par exemple, de prendre un franc à une personne à faible utilité marginale, qui perdrait donc peu d'utilité, et de le transférer à une autre personne à utilité marginale plus forte, qui gagnerait donc plus d'utilité que la première n'en aurait perdu.

Or, n'est-il pas raisonnable de faire l'hypothèse empirique que les fonctions d'utilité sont caractérisées par une *utilité marginale décroissante* en fonction du revenu et de la plupart des autres biens ? Une personne disposant déjà d'un revenu élevé retire d'un euro supplémentaire un gain en bien-être plus modeste que si elle disposait d'un revenu beaucoup plus faible. En dépit de sa focalisation exclusive sur la maximisation de l'utilité totale ou moyenne, l'utilitarisme manifesterait ainsi un biais robuste en faveur d'une réduction des inégalités de revenu : une taxation des plus riches avec transfert vers les plus pauvres accroîtrait sans ambiguïté l'utilité agrégée.

Il importe cependant de relativiser cette conclusion à la lumière de deux considérations. D'une part, les membres de la société peuvent différer sensiblement quant à leur « productivité » en bien-être, c'est-à-dire leur aptitude à transformer en utilité un revenu donné. Même si les fonctions d'utilité de tous manifestent une utilité marginale décroissante, la société devra alors, pour maximiser le bien-être global, concentrer une part plus que proportionnelle des ressources dans les poches de

Un utilitarisme égalitariste ?

Supposons une situation très simple : une somme donnée de 100 euros doit être distribuée entre deux individus, Anatole (A) et Barbara (B). On posera par ailleurs que les fonctions d'utilité sont les suivantes : $u_A(y) = a\,y$ ($a > 0$) tant que $y \leq \alpha$, et $u_A(y) = a\,\alpha$ au-delà de cette limite de saturation ; de manière analogue, $u_B(y) = b\,y$ ($b > 0$) tant que $y \leq \beta$, et $u_B(y) = b\,\beta$ au-delà. (Nous avons ainsi un cas très simple d'utilité marginale « décroissante » : l'utilité marginale est positive et constante pour tous les niveaux de revenu inférieurs ou égaux au seuil ; elle tombe abruptement à 0 pour tous les niveaux de revenu supérieurs à β.) Supposons par ailleurs que ni Anatole ni Barbara ne possèdent de revenus préalables. L'objectif utilitariste consiste ici à fixer les revenus nets y_A et y_B de telle manière que la somme $u_A(y_A) + u_B(y_B)$ soit la plus élevée possible, sachant que le revenu à distribuer est fixé : $y_A + y_B \leq 100$.

Notons tout d'abord une évidence. Si $a = b$ et $\alpha = \beta$, de sorte que nos deux personnages ont exactement les mêmes préférences, alors la maxime utilitariste leur attribuera le même revenu net si $\alpha \leq 50$ et $\beta \leq 50$. Prenons simplement le cas où $a = b = 2$ et $\alpha = \beta = 50$. Dans ce cas, un utilitariste attribuera aux deux individus le même revenu de 50, ce qui induira une somme d'utilités de $100 + 100 = 200$. Moralité : une société utilitariste composée d'individus identiques tant en termes de richesse qu'en termes de préférences est une société strictement égalitariste.

Tout change cependant si, tout en conservant une absence de revenus préalables, nous différencions nos personnages selon leurs préférences pour le revenu. Accroissons simplement l'utilité marginale et le seuil de saturation de Barbara. Supposons donc que $b = 4$ et $\beta = 150$. Barbara est alors deux fois plus « efficiente » qu'Anatole dans la transformation de revenu en utilité. Dans ce cas, si Anatole conserve pour sa part les mêmes préférences qu'auparavant, la maximisation de l'utilité agrégée exigera que l'on attribue l'ensemble des 100 euros à Barbara : $y_B = 100$ et $y_A = 0$. Le niveau d'utilité agrégée sera de $400 + 0 = 400$. Moralité : dans une société utilitariste où personne ne possède de richesse initiale, l'individu dont la « productivité » en utilité est la plus forte reçoit la plus grande part (voire, comme ici, la totalité) du revenu total si le seuil à partir duquel son utilité marginale décroît n'est pas trop rapproché.

---

ceux qui, à revenu donné, attachent à une augmentation de ce revenu une importance plus grande. D'autre part et surtout, le conséquentialisme intégral constitutif de l'utilitarisme le force à dépasser un point de vue purement statique pour s'interroger sur les effets à long terme d'une répartition plus ou moins égalitaire des revenus. Davantage d'égalité ne signifie pas nécessairement moins de richesse. Si, néanmoins, l'anticipation d'inégalités substantielles incite les membres de la société à travailler, épargner ou investir davantage au bénéfice du niveau de bien-être global accessible aux générations présentes et futures, il est clair que la présomption égalitaire imputable à l'utilitarisme se retrouve sérieusement écornée.

L'utilitarisme peut-il s'accommoder de cette tension avec l'égalitarisme, se contentant de souligner que toute inégalité qu'il justifierait est, par définition, pleinement compatible avec la prise en compte égale, impartiale, du bien-être de chacun ? Ou doit-il au contraire s'amender profondément, par exemple en exigeant désormais de maximiser non pas la simple somme des utilités, mais une fonction non linéaire qui donne à l'utilité des plus malheureux un poids plus grand qu'à celle des plus heureux ?

6. Les droits fondamentaux sont-ils bafoués et instrumentalisés ?

Un dernier champ de controverse, peut-être le plus décisif pour l'utilitarisme, concerne les conclusions choquantes auxquelles il semble conduire à propos de droits fondamentaux dont la protection dépend de conséquences tout à fait contingentes sur le bien-être moyen.

Une parade imaginée par certains utilitaristes, par exemple par Richard Brandt [1959], consiste à souligner que les effets d'un acte ponctuel ne peuvent souvent être appréhendés pleinement que si on perçoit celui-ci comme l'application ou la violation d'une *règle*. Il se peut par exemple que, si on pouvait évaluer l'acte pris isolément, il soit socialement désirable de ne pas rembourser une dette parce que, tous calculs faits, l'argent ainsi dégagé s'avère être bien mieux utilisé sous la forme d'un don à Médecins Sans Frontières. Cependant, une société dans laquelle il y a toujours une certaine probabilité que l'on ne puisse recouvrer ses créances a peu de chances de maximiser le bien-être agrégé. Il est dès lors probable que la maxime utilitariste intimera de payer la dette plutôt que de soutenir MSF, en tant qu'instance d'application d'une règle qui elle-même est socialement optimale.

Un raisonnement analogue peut être tenu dans notre exemple de ségrégation (voir encadré). Si l'on pouvait isoler le cas, l'utilitarisme devrait bannir les immigrés du quartier concerné. Mais comme il convient de raisonner à plus longue échéance, il se peut bien qu'il légitime au contraire le libre choix pour toute personne admise dans un pays de s'installer où elle le

Utilitarisme et ségrégation

Supposons que la population de notre pays soit à 50 % immigrée, mais que le racisme des 50 % d'autochtones soit si intense que la présence d'immigrés dans leur quartier leur cause une perte d'utilité immense. Plus précisément, supposons que chaque autochtone ait une utilité de 100 en cas de ségrégation et une utilité de – 100 en cas de mixité, tandis que chaque immigré a une utilité de 0 en cas de ségrégation et de 100 en cas de mixité. Malgré l'égalité numérique, la sommation des utilités fait pencher l'utilitarisme pour la ségrégation stricte des populations autochtone et immigrée, au nom même de la prise en compte strictement impartiale des préférences de chacun. En cas de ségrégation, l'utilité totale est de 200, alors qu'en cas de non-ségrégation elle est de 0. Pas question, donc, d'autoriser un immigré à venir s'installer dans le quartier autochtone.

désire. Les conséquences générales d'une règle conférant un tel droit à chacun (sentiment de liberté, prévention de révoltes dans les ghettos, etc.) ont en effet de bonnes chances de compenser largement le fait qu'ici et là la violation d'un tel droit, prise *isolément*, pourrait avoir des effets locaux positifs sur le bien-être collectif.

Par rapport à l'utilitarisme des actes, qu'il juge trop naïf, cet utilitarisme des règles permet certainement d'atténuer le conflit entre les implications de l'utilitarisme et notre adhésion intuitive à l'idée qu'il existe des droits inviolables. Mais il ne peut réussir à dissiper tout malaise car, qu'il s'agisse d'abolir l'esclavage ou la prostitution des enfants, qu'il s'agisse de la liberté religieuse ou du droit à un procès équitable, un prétendu droit fondamental n'est jamais justifié, d'un point de vue utilitariste, qu'en raison des conséquences plus ou moins contingentes qui lui sont associées. En ce sens, il n'est jamais qu'un *instrument* au service de la maximisation du bien-être agrégé, instrument que l'on peut remiser sans états d'âme si les conditions sont telles qu'il n'est pas approprié. Si, par exemple, il y avait aujourd'hui des pays où l'imposition d'une religion d'État permettrait d'augmenter le bien-être moyen, la persécution des minorités religieuses — certes aussi douce que possible, à condition de rester efficace — ne fait nullement problème.

Face à cette dernière difficulté, comme du reste face aux précédentes, certains utilitaristes choisissent de récuser la pertinence d'objections fondées sur l'intuition. Après tout, ils incluent dans leur notion de bien-être tout ce à quoi chacun accorde de l'importance (y compris, par exemple, l'égalité et la liberté), avec toutes les priorités et pondérations que chacun détermine souverainement. Et ils promeuvent autant qu'humainement possible, et de la manière la plus rigoureusement impartiale, le bien-être ainsi conçu. Si, de temps en temps, ce que ce dernier enjoint sur cette base se heurte avec quelque fracas à l'une ou l'autre de nos intuitions morales, tant pis pour ces dernières. C'est aux intuitions d'être jugées et façonnées à l'aune de l'utilitarisme, et non à lui de céder à leurs diktats. Nul besoin, donc, de substituer une fonction concave des utilités individuelles (c'est-à-dire une fonction dont la valeur s'accroît à un rythme décroissant au fur et à mesure qu'augmentent les niveaux d'utilité des divers individus) à une simple somme afin d'intégrer des préoccupation égalitaristes, ni de soumettre la maximisation du bien-être agrégé au respect d'un certain nombre de libertés fondamentales afin de se concilier les « obsédés » des droits de l'homme.

Cavalière et arrogante sans doute, cette stratégie de défense de l'utilitarisme n'est pas sans attrait ni force, aussi longtemps qu'on ne trouve face à lui que des protestations et vociférations éparses, mais aucune théorie articulée. La recherche d'un équilibre réfléchi passe par l'articulation d'alternatives — et, de fait, le débat contemporain en éthique économique et sociale a connu son véritable essor au moment où, au début des années soixante-dix, des théories rivales sont apparues au grand jour et ont entamé un dialogue avec lui. Quelles sont ces théories ?

II / Le libertarisme

Deuxième référence fondamentale de l'éthique économique et sociale contemporaine, l'approche libertarienne s'écarte profondément de l'utilitarisme, tant par son cadre conceptuel que par ses implications pratiques. Si elle puise une part de son inspiration dans la pensée libérale classique de John Locke [1690] à Alexander von Humboldt [1792] et dans les écrits philosophiques des économistes autrichiens Ludwig von Mises [1940] et Friedrich von Hayek [1960], ce n'est cependant qu'à partir des années soixante-dix qu'elle s'est constituée en véritable alternative à l'utilitarisme, sous l'impulsion de philosophes et économistes nord-américains comme John Hospers [1971], Murray Rothbard [1973], David Friedman [1973], Robert Nozick [1974] et Hillel Steiner [1994].

Le point de départ de la pensée libertarienne est la dignité fondamentale de chaque individu humain, qui ne peut être bafouée au nom d'aucun impératif collectif. Cette dignité réside dans l'exercice souverain de la liberté de choix dans le cadre d'un système cohérent de droits. Le libertarisme prétend ainsi articuler de manière conséquente une idée dont l'attrait, aujourd'hui, ne le cède en rien à l'idéal utilitariste d'une société heureuse : une société juste est une société libre.

1. Le principe de propriété de soi

Pour les libertariens, on ne saurait réellement comprendre ce qu'est une société libre que si l'on explicite un *système cohérent de droits de propriété*. En effet, si la liberté consiste à pouvoir faire ce qu'on désire ou, mieux, ce qu'on pourrait

Friedrich Hayek, utilitariste et libertarien ?

Né en 1899 à Vienne et décédé à Fribourg (All.) en 1992, Friedrich August von Hayek enseigne à Vienne, puis à Londres et à Chicago, avant de terminer sa carrière à l'université de Fribourg. Lauréat du prix Nobel d'économie (1974), il a consacré un part importante de son œuvre à la théorie du capital et aux liens emploi-inflation. En matière d'éthique économique et sociale, ses travaux majeurs sont *La Route de la servitude* (1944), *Individualism and Economic Order* (1948), *La Constitution de la liberté* (1960), *Règles et ordre* (1973), *Le Mirage de la justice sociale* (1976) et *L'ordre politique d'un peuple libre* (1979).

Animé d'une foi profonde dans l'« ordre social spontané », et habité d'une antipathie viscérale pour la pensée socialiste, Hayek rejette fermement l'idée selon laquelle la justice sociale consisterait dans une configuration particulière de la répartition des biens ou des revenus. Pour lui, une société juste est avant tout une société dotée d'un cadre légal et d'un ensemble de normes sociales susceptibles de garantir des comportements libres et de permettre leur coordination spontanée. Ces règles et normes sont, pour Hayek, essentiellement celles d'un régime libéral promouvant un marché minimalement réglementé. De telles règles émergent (du moins idéalement, en l'absence de l'intervention intempestive de la puissance publique) comme le résultat d'un processus évolutionnaire par lequel le système social sélectionne les cadres réglementaires les plus appropriés, c'est-à-dire les plus susceptibles d'assurer la maximisation du bien-être global.

Hayek se présente donc comme un penseur combinant, d'une part, une justification en dernier ressort utilitariste des règles d'organisation sociale émergeant de processus évolutionnaires spontanés et, d'autre part, une vision libertarienne de la société et de son organisation économique, le mécanisme de marché assurant à la fois la protection de la liberté individuelle et la dissémination optimale de l'information privée. Il défend ainsi à la fois un libertarisme et un utilitarisme des règles, dans le cadre d'une vision purement « procédurale » de la justice.

---

désirer, il est clair qu'une société libre ne peut accorder à chacun une pleine liberté en ce sens : votre liberté de vous asseoir sur nos genoux — ou de nous planter un couteau dans le dos — pourrait entrer en contradiction avec notre liberté d'éviter ces désagréments.

Un premier élément central de toute variante du libertarisme consiste, dès lors, à attribuer à chacun un plein droit de propriété sur soi-même. Étant le plein propriétaire de votre corps (et, pour autant qu'elle en soit distincte, de votre âme), vous avez un « droit de veto » sur tout usage qui pourrait en être fait. Vous avez aussi, de ce même fait, le droit de louer vos talents, de vendre vos organes, de ruiner votre santé ou de mettre un terme à votre existence. Pas question, donc, pour un libertarien d'accepter l'obligation légale d'effectuer un service militaire, de fréquenter une école, de boucler sa ceinture de sécurité, de prendre part à un jury ou de porter secours à une personne en danger. Pas question non plus de prohiber l'euthanasie, la prostitution, le blasphème, le négationnisme, les perversions sexuelles ou le commerce d'organes, à condition — bien entendu — qu'aucune coercition ne soit exercée pour obtenir la participation de quiconque.

À ce droit de propriété de chacun sur soi-même, il n'y a que trois restrictions auxquelles la plupart des libertariens sont prêts, fût-ce parfois du bout des lèvres, à souscrire. Tout d'abord, si chacun a le droit de se détruire, il n'a pas pour autant le droit de se vendre en esclavage. L'idéal d'une société libre est incompatible avec la présence d'hommes et de femmes asservis à d'autres de manière irréversible, fût-ce par l'effet de l'exercice de leur propre liberté.

Ensuite, si les libertariens professent une aversion inflexible pour toute forme de « paternalisme » à l'égard des adultes, ils ne peuvent s'empêcher d'admettre que le paternalisme n'est pas toujours déplacé lorsqu'il s'agit d'enfants. Si précoce que soit l'âge auquel ils sont prêts à conférer une pleine émancipation, ils ne peuvent éviter d'attribuer à certains tiers — parents ou non — le droit de restreindre de façon substantielle la liberté des enfants, mais seulement dans la mesure où ils contribuent ainsi à les mettre dès que possible en position d'exercer eux-mêmes leur liberté.

Enfin, dès le moment où ils envisagent l'éventualité d'infractions à leur principe fondamental, les libertariens peuvent admettre la légitimité qu'il y a à enfreindre la propriété de soi de ceux qui menacent celle des autres : une société libre ne peut être une société où meurtriers, violeurs et pédophiles circulent et sévissent en toute impunité.

2. Le principe de juste circulation

Qu'elle soit ou non assortie de ces restrictions, l'exigence de pleine propriété de soi est fondamentalement incomplète, en deux sens distincts. D'une part, elle ne dit rien quant à l'usage qu'il s'impose moralement de faire du corps, des talents, des capacités dont chacun de nous est le propriétaire. Mais le libertarisme, contrairement à l'utilitarisme, n'affiche nulle prétention à fournir davantage qu'une caractérisation des institutions justes, en l'occurrence une théorie morale complète. Le fait qu'il soit compatible avec les règles de la justice de se livrer à la débauche entre adultes consentants, ou de refuser son aide à une personne qui se noie, n'empêche pas de se poser la question de savoir si de tels comportements sont moralement recommandables. Mais c'est là un type de question auquel le libertarisme ne prétend pas répondre.

D'autre part, il est clair que la pleine propriété de soi, à elle seule, ne permet pas de poser le moindre acte. Notre corps est tout entier constitué de molécules qu'il a prélevées sur autre chose que lui-même. Il ne peut pas tenir en place sans une surface sur laquelle s'appuyer. Il ne peut survivre plus d'un instant sans respirer un air dont il n'est pas propriétaire. De toute évidence, le projet libertarien ne peut prétendre offrir une caractérisation de la société juste sans ajouter au principe de propriété de soi des principes qui régissent la propriété des objets extérieurs.

Le premier de ces principes régit la circulation des droits de propriété. Il stipule qu'on peut devenir le légitime propriétaire d'un bien soit en l'acquérant grâce à une *transaction volontaire* avec la personne qui en était auparavant le légitime propriétaire, soit en le créant sans utiliser autre chose, outre soi-même, que des biens acquis de cette manière. Ce qui nous a été donné en cadeau ou en héritage, ce que nous avons acheté ou loué, ce que nous avons produit en y appliquant nos talents, ce que nous rapporte la vente de nos produits, tout cela est susceptible de conférer une signification pratique à une propriété de soi-même qui, sinon, ne donnerait pas la liberté de faire quoi que ce soit.

Comme pour le principe de propriété de soi, ce principe de juste circulation appelle des restrictions et des précisions auxquelles la plupart des libertariens souscrivent. Ainsi, une femme qui « produit » un enfant en combinant ses capacités et un certain nombre de « biens » (dont des spermatozoïdes) obtenus au terme de transactions volontaires avec leur légitime propriétaire n'en devient pas pour autant propriétaire de son enfant : le principe de la propriété universelle de soi, qui s'applique ici à l'enfant en tant que personne libre, prime sur le principe de juste circulation des titres de propriété.

Il importe en outre de préciser la notion de transaction volontaire. Si vous achetez une maison sur la base d'informations mensongères que son propriétaire précédent vous a communiquées à son propos, cette transaction volontaire ne fait pas nécessairement du vendeur le propriétaire légitime de l'argent

Libertarisme et juste prix

En faisant du caractère « volontaire » de la transaction le critère décisif de la juste circulation des titres de propriété, l'approche libertarienne récuse tout critère extérieur de juste prix. Le prix auquel s'échangent des biens ou des heures de travail ne doit donc se conformer à aucune notion de mérite ou d'utilité. Il n'est pas davantage requis qu'il se conforme au prix d'équilibre d'un marché concurrentiel, le prix auquel l'offre égalerait la demande dans un marché hypothétique constitué d'innombrables acheteurs et vendeurs parfaitement informés et motivés par leur seul gain. Pour les libertariens, que l'on soit ou non en situation de monopole (un seul vendeur) ou de monopsone (un seul acheteur), que les personnes concernées soient ou non clairvoyantes et égoïstes, le prix auquel les parties concernées donnent leur libre assentiment est, *par définition*, le prix juste. À la limite, le prix pourrait toujours être nul : une économie du don n'est pas moins compatible avec les principes libertariens qu'un marché parfaitement concurrentiel.

que vous lui avez versé. Qu'il ne vous ait pas forcé à acheter sa maison ne l'empêche donc pas nécessairement d'être un voleur. La notion pertinente de transaction volontaire exige donc plus que l'absence de coercition : elle exclut aussi la fraude. Mais elle n'exige nullement une information parfaite. Si vous achetez une maison sur la base de croyances fausses quant à la nationalité des voisins ou quant au prix auquel vous avez quelque chance de pouvoir la revendre, la justice du transfert de propriété ne s'en trouve nullement compromise. De même, si quelqu'un vous loue son travail à un prix dérisoire parce que les circonstances ne lui offrent pas d'autre choix, le caractère volontaire de la transaction n'est pas affecté. Ce travail n'est pas volontaire, pour les libertariens, s'il est effectué sous la menace de violence physique ou d'autres exactions. Mais il l'est si ce qui le motive est simplement le souci de choisir la moins mauvaise des options librement disponibles, et cela même si la seule autre option consiste à mourir de faim.

3. Le principe d'appropriation originelle

Si le principe de propriété de soi détermine les droits de propriété sur les êtres humains, le principe de juste circulation régit les droits de propriété sur les objets qui leur sont

Les trois principes libertariens

1. Propriété de soi : tout individu mentalement capable a un droit absolu à disposer de sa personne, y compris les talents qu'il a reçus et cultivés, pour autant qu'il n'utilise pas ce droit pour renoncer à sa propre liberté.

2. Juste circulation : la justice d'un droit de propriété est établie lorsque celui-ci a été obtenu par un transfert volontaire, tacite ou explicite, avec ou sans contrepartie matérielle ou monétaire, avec la personne qui en était auparavant le propriétaire légitime.

3. Appropriation originelle : le titulaire initial d'un droit de propriété sur un objet est le premier à en avoir revendiqué la propriété, éventuellement à condition de s'être acquitté d'une taxe dont le montant est fixé soit par la clause lockéenne (droit de tous à un sort au moins équivalent à ce qu'il aurait été dans l'état de nature), soit par le critère de justice painéen (droit égal de tous à la valeur des produits de la terre).

---

extérieurs. Mais il ne peut s'appliquer que si l'on suppose établie la légitimité du titulaire *antérieur* du droit de propriété, dont ce principe régit la circulation juste. Certes, cette légitimité est généralement établie par une application antérieure du même principe. Mais il doit bien y avoir eu un moment, si éloigné fût-il dans le temps, où les biens concernés, ou leurs ingrédients, n'étaient la propriété de personne. Pour pouvoir offrir une conception cohérente des droits de propriété, il est par conséquent indispensable que les libertariens ajoutent à leurs deux premiers principes un principe d'appropriation originelle. Ce principe porte certainement sur les ressources naturelles, mais aussi éventuellement sur les idées.

Sa version la plus simple, défendue par exemple par Israel Kirzner [1979], se borne à affirmer : « Premier arrivé, premier servi. » Si une ressource naturelle n'a encore fait l'objet d'aucune appropriation, ou si un produit humain est laissé sans propriétaire par un décès inopiné, ou si une idée n'a pas encore été brevetée, le premier qui en revendique la propriété en devient le légitime propriétaire. La plupart des libertariens ont cependant eu quelque scrupule à entériner les implications d'une telle conception, qui attribue par exemple au premier appropriateur d'un gisement de pétrole ou d'un immense territoire le droit absolu de le saccager ou de l'exploiter sans limite à son profit exclusif. Ils se sont dès lors efforcés de limiter ce droit absolu en soumettant l'appropriation originelle à des conditions plus ou moins strictes.

Robert Nozick,
un libertarien ludique

Jeune collègue de John Rawls à Harvard au moment de la publication par celui-ci de sa *Théorie de la justice* (1971, voir chapitre IV ci-dessous), Robert Nozick (1939-2002) acquit une grande notoriété par la publication d'un livre étonnant (*L'Anarchie, l'État et l'Utopie*, 1974), aussi virevoltant et divertissant que celui de Rawls est systématique et sobre. Il y prend le contre-pied de Rawls, soumet à une critique déstabilisante certains de ses présupposés centraux et esquisse en contrepoint une utopie capitaliste radicale dont la justification fondamentale serait de ne jamais utiliser des individus comme simples moyens. Ses livres ultérieurs font montre de la même virtuosité argumentative et d'intérêts multiples ne relevant plus qu'occasionnellement de la philosophie morale et politique (*Philosophical Explanations*, 1981 ; *Méditations sur la vie*, 1989 ; *The Nature of Rationality*, 1993 ; *Socratic Puzzles*, 1997), ainsi que d'un certain détachement à l'égard des positions libertariennes radicales présentées, par provocation au moins autant que par conviction, dans son premier livre. Cela ne l'a guère empêché de continuer à écrire, de temps à autres, des articles sur les liens entre justice et capitalisme, tel « Why Do Intellectuals Oppose Capitalism ? » (1996).

Une version particulièrement influente de cette limitation est la clause lockéenne, mise à l'honneur par Robert Nozick [1974] dans une version qui s'inspire explicitement de Charles Fourier [1836] et a récemment été reprise, entre autres, par David Gauthier [1986]. Locke [1690] lui-même estimait qu'une personne ne pouvait prendre possession d'une part de nature que si elle laissait « *enough and as good* » — une quantité suffisante et de qualité équivalente — aux autres, présents et à venir. Autant dire que, dans un monde très peuplé, personne ne peut alors s'approprier quoi que ce soit.

Pour Nozick, cette clause peut être légitimement assouplie comme suit. L'appropriation d'une ressource naturelle (et, plus généralement, d'un bien qui n'était auparavant la propriété de personne) est illégitime si et seulement si ceux qui sont ainsi privés de la possibilité de se l'approprier se trouvent dans une situation pire que celle qui serait la leur dans un « état de nature », exempt de tout droit de propriété, où tout est accessible à tous. Une *compensation* accordée aux non-appropriateurs peut alors rendre légitime une appropriation qui, en l'absence de compensation, ne le serait pas. Pour déterminer qui a droit à pareille compensation et à quel niveau, il faut en principe se livrer, au cas par cas, à une comparaison très hasardeuse avec un état « de nature » fort hypothétique. Nozick estime cependant (tout comme Locke avant lui) que l'on peut avoir une telle confiance dans l'impact positif d'une appropriation privée du sol sur le développement de l'agriculture et de l'industrie que, pour l'immense majorité des personnes, l'infériorité de l'état de nature par rapport à un régime de propriété privée, même très inégal, ne fait pas le moindre doute. La clause lockéenne, par conséquent, ne devrait pas être très coûteuse à satisfaire.

D'autres libertariens, comme Hillel Steiner [1994] et Peter Vallentyne [1998], estiment insuffisant le correctif apporté par la clause lockéenne. Inspirés par Thomas Paine [1796] et Henry George [1879]), ils veulent prendre au sérieux l'idée que tout être humain possède un droit égal aux richesses de la terre. À leurs yeux, une appropriation ne peut être légitime que si le propriétaire s'acquitte d'une taxe dont le montant reflète la valeur des ressources naturelles dont il s'arroge la propriété. Cette valeur peut être déterminée en estimant le prix qu'un marché pleinement concurrentiel leur assignerait, et la recette de la taxe correspondante doit être redistribuée également entre tous. Pour ces « libertariens de gauche », le respect absolu du plein droit de propriété de chacun sur ses talents et sur les produits de ses talents, ainsi que l'interdiction de toute régulation des transactions volontaires doivent donc aller de pair avec l'attribution à chacun d'un revenu de base financé exclusivement par un impôt foncier.

Trois variantes du principe d'appropriation originelle

Libertarisme « de droite »		Libertarisme « de gauche »
Premier arrivé	*Clause lockéenne*	*Partage égal de la rente foncière*
Kirzner	Fourier Nozick	Paine Steiner

4. Une conception strictement « procédurale » de la justice

Quelle que soit la variante adoptée pour chacun des trois principes, ceux-ci offrent conjointement une conception cohérente de ce que serait une société juste — mais une conception profondément différente de celle défendue par l'utilitarisme. Si l'on excepte la contrainte marginale de la clause lockéenne, l'évaluation libertarienne des institutions d'une société ne repose en effet en rien sur l'anticipation de leurs conséquences pour le bien-être de la population concernée. La question fondamentale est de savoir si ces institutions respectent et protègent les droits fondamentaux des individus : le droit de chaque personne à la pleine propriété d'elle-même, des choses qu'elle a créées et de celles dont elle est devenue, par appropriation originelle, par achat ou par don, le légitime propriétaire. Nulle place, donc, dans cette perspective, pour l'outillage analytique de la science économique : nul souci, par exemple, d'allouer les ressources d'une manière qui soit Pareto-optimale. Nulle nécessité non plus d'identifier, de mesurer ou d'agréger des préférences ou des niveaux d'utilité. Peu importe si des comportements ou des institutions nuisent au bien-être de certains, voire même au bien-être de tous,

---

Vous avez dit « trop riche » ?

Supposons que notre société compte 100 millions de membres, tous à peu près égaux quant à la richesse — 100 euros chacun — et aux talents tout à fait semblables, à une petite exception près : les chansons de Céline Dion nous plaisent tellement que nous sommes tous désireux d'acheter le nouvel album qu'elle vient de mettre en vente au prix unitaire de 10 euros. Notre patrimoine chute sur le champ à 90 euros, tandis que celui de Céline Dion passe sans tarder à 1 000 000 100 d'euros (abstraction faite de quelques broutilles en frais de production et de promotion, dont on nous pardonnera de ne pas tenir compte). Voilà donc notre chanteuse plus de onze millions de fois plus riche que chacun d'entre nous ! Cela par le simple effet d'une juste circulation des droits de propriété à partir de la (non moins juste) situation égalitaire initiale. L'État ne pourra pas arguer de l'inégalité résultante pour effectuer quelque redistribution que ce soit : ce serait là bafouer la liberté qu'a chacun de nous d'user à sa guise de la richesse et des talents qu'en toute justice il détient.

Cette parabole constitue une paraphrase du célèbre exemple du joueur de basket-ball Wilt Chamberlain [Nozick, 1974].

pourvu que les droits de chacun soient rigoureusement respectés.

Pour les libertariens, la justice n'est donc pas une affaire de conséquences. Elle n'est pas davantage une question de « configuration ». Supposons, par exemple, que dans une situation initiale hypothétique chacun des membres de la société dispose en toute justice d'une part exactement égale de la richesse totale. Il ne faudra pas longtemps pour que les actions et transactions auxquels ils s'adonneront, en conformité stricte avec le principe de juste circulation des droits de propriété, engendre une configuration de la répartition des richesses très différente de l'égalité initiale (voir encadré). La liberté donnée à chacun, seul et en coopération avec d'autres, d'exercer les droits qu'une société juste lui confère est une puissant facteur de perturbation de toute configuration préétablie.

Ni conséquentialiste, ni configurationnelle, l'approche libertarienne peut être qualifiée de strictement « historique », « rétrospective », ou encore « procédurale ». Aux yeux d'un libertarien, il est en effet tout à fait impossible d'évaluer la justice d'une situation quelconque — en particulier d'une répartition des richesses ou des revenus — en spéculant sur ses conséquences ou en en analysant la structure. Pour déterminer si une situation est juste ou injuste, il faut et il suffit de se tourner vers le passé, d'en scruter le « pedigree », d'examiner si elle est le produit d'une procédure correcte ou d'un déroulement historique juste, c'est-à-dire d'un ensemble d'actions et de transactions effectuées dans le plein respect des droits affirmés par les trois principes.

5. Mise en œuvre

Une table rase inaugurale ?

Que signifierait la mise en œuvre concrète des principes libertariens ? L'implication la plus immédiate serait une expropriation à une échelle sans précédent. Où que nous tournions nos regards, chaque portion de territoire peut être présumée avoir connu une longue histoire de violations de droits. Que l'on songe à Attila, à Napoléon ou aux *cowboys*, on ne peut pas dire que le respect des principes libertariens ait constitué une priorité de tous les instants dans l'histoire de l'humanité. Il faudrait donc commencer par faire appel à ce que Nozick appelle un *principe de rectification*, complémentaire des trois autres, qui déterminerait la manière dont il faut rectifier les violations passées.

Les libertariens reconnaissent bien entendu qu'une rectification adéquate — ou la rectification la plus adéquate qui soit compatible avec le fait que d'innombrables victimes des violations passées ne sont plus en vie — exigerait une myriade d'informations irrémédiablement perdues. La situation présente est donc inextricablement injuste. Comme il n'y a pas de raison (sauf, bien sûr, pour ceux qu'il avantage) de privilégier le *statu quo*, la façon la moins inadéquate de procéder est la mise à plat : une répartition égalitaire de toute la richesse matérielle avant de prendre un « nouveau départ ».

Un anarcho-capitalisme ?

Au-delà de cette phase de transition, quelles sont les institutions que requiert la mise en œuvre du libertarisme ? Manifestement pas plus qu'un État minimal, c'est-à-dire un État « veilleur de nuit », qu'il est indispensable d'organiser efficacement — et donc de financer suffisamment — afin que soit assuré le respect des droits de propriété, y compris la répression des transactions frauduleuses et la redistribution éventuellement exigée par la clause lockéenne, ou la répartition égalitaire de la valeur des ressources naturelles que requiert la perspective painéenne. Pour le reste, le foisonnement du libre-échange et de la libre entreprise, les initiatives les plus diverses avec ou sans but lucratif auront tôt fait d'aider la demande à se manifester et de la satisfaire mieux que l'État ne le pourrait.

Le libertarisme n'implique donc pas par définition le capitalisme. Dans une société suffisamment petite et peu différenciée, le don et l'échange entre producteurs indépendants peuvent suffire à fournir la coordination requise. Mais dans une société vaste et complexe, seuls le capitalisme et le socialisme — assignant respectivement le contrôle des moyens de production à des propriétaires privés et à l'État — peuvent assurer cette coordination. Et même si le socialisme peut être « libéral », au sens où il ne prend pas nécessairement la forme d'un collectivisme qui fait des travailleurs la propriété de l'État, il repose nécessairement sur l'exclusion ou la forte restriction de la propriété privée des moyens de production (voir chapitre III ci-dessous), et donc, selon la formule de Nozick, sur « la prohibition d'actes capitalistes entre adultes consentants ».

Dans le contexte socio-économique qui est le nôtre, par conséquent, adhérer au libertarisme dans quelque variante que ce soit, c'est justifier le capitalisme. C'est même en entériner une version extrême, presque *anarcho-capitaliste*, la fonction de l'État n'excédant pas la protection des droits de propriété. On a donc raison de voir dans le libertarisme une composante philosophique non négligeable, et particulièrement radicale, de ce qu'il est convenu d'appeler le « néolibéralisme », cet ensemble disparate d'arguments et de théories justifiant un recours accru au marché, au détriment des pouvoirs publics.

Pas question, en effet, pour un libertarien, de concéder à l'État le droit de mener une politique culturelle, sociale ou économique. Les médias et la recherche, les soins de santé et l'éducation doivent être intégralement laissés à des opérateurs privés sans autre régulation que la satisfaction des consommateurs. Même une législation antitrust au service de la concurrence est bannie du répertoire des interventions légitimes. Quant aux douanes et à la police des frontières, elles n'ont pas de raison d'être : aucune restriction, tarifaire ou autre, n'est légitime, et si chaque individu a droit à l'inviolabilité de sa propriété, un État n'a aucun droit de propriété sur son territoire, et tout obstacle qu'il opposerait au commerce international ou aux migrations constitue dès lors une injustice.

6. Souci de liberté ou fétichisme des droits ?

Par-delà les querelles de détail, il n'est pas difficile d'imaginer les objections éthiques que le libertarisme n'a pas manqué de soulever.

L'efficacité

En récusant résolument toute forme de conséquentialisme, les libertariens se targuent de doter les droits humains fondamentaux, tels que leurs principes les expriment, de la plus ferme des garanties. Mais ce mépris des conséquences vire facilement à l'absurde. Pas question de recourir à l'impôt, même pour financer un système d'enseignement qui favoriserait le développement. Pas question de mesures antitrust, même pour préserver la concurrence. Pas question non plus de réquisitionner un terrain privé, même pour éviter une catastrophe naturelle.

Lorsqu'ils s'efforcent de gagner des adeptes, les libertariens recourent volontiers à des arguments suggérant que, *de surcroît*, la protection stricte des droits de propriété contribue à l'efficacité économique et, plus globalement, au bien-être social. Qu'ils jugent nécessaire de recourir à de tels arguments traduit peut-être quelque embarras de leur part, mais ne les empêche pas de proclamer, en toute cohérence, qu'en cas de conflit, même aigu, entre le respect des droits et le souci d'efficacité, c'est ce dernier qui doit céder le pas.

L'égalité

Par ailleurs, les libertariens récusent avec tout autant de force l'idée que la justice implique une égalité plus substantielle que l'égalité des droits. L'interprétation élargie que les « libertariens de gauche » donnent de celle-ci en y incluant une part égale de la valeur de la terre peut être comprise comme une tentative d'atténuer la tension entre la position libertarienne et la conviction largement partagée qu'une société ne peut être juste si certains de ses membres ne se voient dotés de rien d'autre que de maigres talents. Mais cette atténuation est toute relative. Toutes les variantes du libertarisme sont théoriquement compatibles avec des inégalités de revenu et de richesse colossales.

Ici aussi, les libertariens essaient à l'occasion d'élargir leur audience en suggérant que les institutions qu'ils justifient auront spontanément tendance à diffuser largement la richesse par un processus de diffusion descendante *(trickle down)* et d'action charitable, processus que l'omniprésence de l'État a tendance à inhiber. Mais sans compter que le support empirique de cette hypothèse a de quoi laisser sceptique, ici encore le libertarien, s'il est sommé de choisir entre la violation des droits, tels qu'il les conçoit, et l'acceptation d'inégalités massives, n'aura pas un instant d'hésitation : tant pis pour les inégalités, la liberté est à ce prix.

La liberté ?

Mais précisément, s'agit-il bien de la liberté ? La critique la plus insidieuse de la position libertarienne est celle qui

Quelle liberté ? La parabole de l'île

Sans qu'aucun des autres principes libertariens n'ait fait l'objet d'une violation quelconque, une île est devenue la propriété exclusive d'un seul de ses habitants. Chacun des autres habitants est le plein propriétaire de lui-même et aura peut-être, dans les variantes « de gauche », reçu un petit paiement, correspondant à sa part de la valeur marchande de la terre (à l'état brut). Il est néanmoins parfaitement possible que chacun d'entre eux n'ait pas d'autre option que de peiner seize heures par jour pour le propriétaire de l'île en échange de la maigre pitance qu'il daigne lui concéder. Si, en outre, celui-ci se pique de ne permettre aux agriculteurs de travailler sur ses terres que s'ils portent un chapeau rouge, sifflotent *La Marseillaise* ou s'abstiennent de prononcer le mot « liberté », la parfaite conformité aux principes libertariens ne s'en trouve aucunement altérée. Bien entendu, rien ne l'autorise à forcer les agriculteurs à travailler, ni du reste à les retenir dans l'île. Mais s'ils n'ont ni le moyen de trouver sur l'île une autre source de subsistance, ni celui de construire le bateau qui leur permettrait de s'en échapper, ce n'est pas son affaire, ni celle des libertariens : l'île n'en demeure pas moins, à leurs yeux, un paradigme de société libre !

---

l'attaque au cœur même de la rhétorique libertaire dont elle tire l'essentiel de son attrait éthique.

Comme l'illustre la parabole de l'île ci-dessus, la liberté garantie à tous par les trois principes libertariens est une liberté purement *formelle*. On peut certes admettre que la liberté requiert quelque chose comme la propriété de soi. Mais, sans les moyens indispensables à l'*exercice effectif* de cette liberté, il s'agit là d'un droit sans portée réelle, d'une liberté purement formelle. Certes, les libertariens ont ajouté au principe de propriété de soi deux autres principes régissant l'accès aux moyens de cette liberté, mais ces principes ne sont nullement inspirés par le souci de garantir ces moyens à tous. Ils reflètent simplement une conception particulière, nullement motivée en termes de liberté, de la genèse historique de droits légitimes. À cette lumière, le libertarisme apparaît sans doute moins comme la formulation cohérente et plausible d'un idéal de société libre que comme la fétichisation de « droits naturels ».

III / Le marxisme

Si les libertariens jugent l'utilitarisme fondamentalement insatisfaisant parce qu'il ne fait pas assez de place à la liberté ou aux droits de l'individu, d'autres peuvent trouver à la fois l'utilitarisme et le libertarisme fondamentalement inadéquats parce qu'ils ne font pas droit à une autre exigence éthique centrale : l'égalité. Parmi ces critiques, on trouvera d'abord ceux qui, adhérant à la tradition marxiste, en interprètent le noyau comme proposant une conception radicalement égalitaire de la justice sociale.

1. La dimension éthique du marxisme

L'œuvre de Karl Marx et le vaste mouvement intellectuel qu'elle a inspiré sont bien entendu très loin de se réduire à l'élaboration d'une telle conception. Nébuleuse franchissant les frontières de diverses disciplines, le marxisme comprend de nombreuses composantes qui n'entretiennent avec cette conception qu'un rapport très ténu. Ainsi, dans son interprétation la plus orthodoxe, le noyau du marxisme consiste dans la conjonction de deux théories dont aucune n'affiche la moindre prétention éthique. Le *matérialisme dialectique*, d'une part, est une théorie métaphysique qui assigne un rôle central au concept de « contradiction » dans son interprétation de la nature profonde de la réalité. Le *matérialisme historique*, d'autre part, est une théorie générale de l'histoire dont la thèse centrale affirme que la nature des rapports de production — féodale, capitaliste ou socialiste, par exemple — s'ajuste au développement des « forces productives », c'est-à-dire à la

Marx, moraliste malgré lui ?

« Qu'est-ce qu'une distribution "juste" ? », demande Marx. « Les bourgeois n'affirment-ils pas que la distribution actuelle est "juste" ? Et n'est-ce pas en réalité la seule distribution "juste" basée sur le mode de production actuel ? Les relations économiques sont-elles régulées par des concepts juridiques, ou bien ne sont-ce pas plutôt les relations juridiques qui, au contraire, émergent des concepts économiques ? » (*Werke*, vol. XIX.) Dans un autre texte, il apporte à cette question rhétorique une réponse explicite : « La justice des transactions qui ont lieu entre des agents de production repose sur le fait que ces transactions émergent comme conséquences naturelles des relations de production. Les formes juridiques dans lesquelles ces transactions apparaissent comme des actions volontaires des participants, comme des expressions de leur volonté commune et comme des contrats qui peuvent être garantis par l'État contre toute partie isolée, ne sauraient (puisqu'elles ne sont que formes) déterminer ce contenu. Elles ne font que l'exprimer. Ce contenu est juste dès le moment où il correspond au mode de production, où il lui est adéquat. Il est injuste lorsqu'il contredit ce mode » (*Werke*, vol. XXV).

Il serait manifestement absurde, dans cette perspective, de faire appel au concept de justice pour évaluer un mode de production. Et pourtant...

Malgré sa détermination à en rester à un « socialisme scientifique », Marx lui-même n'a pas pu éviter d'exprimer, à l'occasion, une indignation devant l'injustice qui laisse poindre, en filigrane, un idéal de justice sociale. Aussi, au « socialisme petit-bourgeois » de Sismondi, il reconnaît le mérite d'avoir « mis à nu la concentration du capital et de la terre dans une minorité de mains [...], la misère du prolétariat [...], les inégalités criantes dans la distribution de la richesse » (*Manifeste communiste*, 1848). Et l'indignation morale affleure lorsqu'il relève, dans *Misère de la philosophie* (1847), que les bourgeois « se montrent indifférents aux souffrances des prolétaires qui les aident à acquérir de la richesse » ou, dans le livre I du *Capital* (1867), que le capitaliste « s'enrichit, non pas comme l'avare en proportion de son travail et de sa consommation restreinte, mais au rythme auquel il arrache aux autres leur force de travail et force le travailleur à s'abstenir de tous les plaisirs de la vie ».

Réticent à introduire des jugements éthiques dans son analyse, Marx ne leur a concédé que quelques apparitions fugaces. Mais qui peut nier que le recours même à des expressions comme « exploitation » ou « domination » exprime une attitude éthique qu'il n'est pas trop difficile, et qu'il peut être intéressant, d'expliciter ? D'autres que Marx lui-même s'y sont employés.

---

croissance de la productivité du travail, tout en exerçant sur ce développement une influence décisive. En outre, il existe, formellement intégrées ou non dans le cadre du matérialisme historique, de multiples théories et analyses des classes sociales et des crises économiques, de la science et de la littérature, des mouvements religieux et du comportement politique, qui se réclament explicitement du marxisme.

Si celui-ci constitue néanmoins un ingrédient central de la pensée contemporaine en matière d'éthique économique et sociale, c'est parce qu'il ne prétend pas seulement élucider, expliquer ou prédire ce qui est, a été et sera ; le marxisme prétend aussi dire ce qui doit être, articuler un projet dont il présente la réalisation comme quelque chose de désirable, digne des engagements, des luttes, des sacrifices sans lesquels le projet restera sans effet. On trouve certes dans la tradition marxiste — à commencer par les écrits de Marx lui-même — de nombreux passages qui dénigrent une telle approche normative. Si, par exemple, le socialisme doit succéder au capitalisme, dans la perspective qui sous-tend ces passages, ce n'est pas parce qu'il est plus juste ou moralement supérieur, mais en vertu des lois inexorables de l'histoire qui, à un mode de production anarchique et gaspilleur, en substituent un autre, plus rationnel, susceptible d'assurer un développement des forces productives que la persistance du capitalisme entraverait.

Le marxisme analytique

Constitué sous l'impulsion du « September Group », lui-même fondé par le Québecois Gerald A. Cohen (né en 1941, professeur de philosophie politique à Oxford, auteur de *Karl Marx's Theory of History*, 1979), et par le Norvégien Jon Elster (né en 1940, professeur de science politique à Chicago, puis à Columbia, après un doctorat à Paris, auteur de *Making Sense of Marx*, 1985), le marxisme analytique se fonde sur un double projet : d'une part, puiser dans la tradition marxiste un certain nombre d'idées centrales susceptibles d'éclairer la réalité présente ou de guider l'action future ; d'autre part, leur appliquer l'outillage intellectuel hérité, par exemple, de la philosophie analytique ou de l'économie mathématique, y compris pour expliciter, préciser, développer et infléchir la dimension éthique de cette tradition marxiste.

L'une des œuvres paradigmatiques du projet du September Group et du mouvement qu'il a inspiré est celle de l'économiste américain John Roemer (né en 1944), professeur d'abord à l'université de Californie, puis à Yale. Après avoir consacré ses premiers écrits à une reformulation rigoureuse de la théorie économique marxiste (*Analytical Foundations of Marxian Economic Theory*, 1981 ; *A General Theory of Exploitation and Class*, 1982), Roemer s'est graduellement tourné vers la formulation d'une théorie égalitaire de la justice qui résiste à la fois aux objections économiques et aux objections éthiques qui peuvent lui être faites (*Egalitarian Perspectives*, 1994 ; *Theories of Distributive Justice*, 1995 ; *Equality of Opportunity*, 1998).

À côté des professions de « socialisme scientifique », dont l'œuvre de Louis Althusser [1965] (voir aussi Althusser et Balibar [1968]) constitue un exemple extrême, il existe cependant d'autres parties de l'œuvre de Marx et de la tradition intellectuelle marxiste — et encore bien davantage de l'action politique inspirée par le marxisme — qui affichent sans ambiguïté l'adhésion au projet d'instaurer une société meilleure, plus juste, éthiquement supérieure au mode de production capitaliste en place, projet du reste au moins partiellement partagé avec les « socialistes utopiques » (Proudhon, Fourier, Owen, etc.) dont les marxistes ont par ailleurs, en tout cas au niveau des moyens, grand souci de se distinguer.

Quel est le contenu de ce projet ? Pour illustrer la pertinence du marxisme pour l'éthique économique et sociale contemporaine, nous explorerons ici deux interprétations possibles de ce projet dans le style et dans l'esprit du « marxisme analytique » (voir encadré), c'est-à-dire avec un souci constant de précision dans la formulation des concepts et des affirmations, mais aussi avec une ambition de pertinence pour la réalité économique et sociale du XXIe siècle.

2. L'efficacité du socialisme et l'aliénation

Dans une première interprétation, le projet éthique marxiste consiste à abolir l'*aliénation*, comprise comme le fait que les activités humaines n'ont pas leur fin en elles-mêmes ou dans l'accomplissement de soi qu'elles permettent à ceux qui les exercent, mais dans la nécessité de subvenir à des besoins matériels. Cette aliénation est caractéristique du capitalisme, mais aussi des modes de production qui l'ont précédé. Dans le capitalisme, défini comme un régime de liberté formelle des travailleurs (par opposition au féodalisme) et de propriété privée des moyens de production (par opposition au socialisme), elle prend principalement la forme de la vente de la force de travail contre un salaire. Mais pour y mettre fin, il ne suffirait pas d'abolir le marché capitaliste du travail. L'abolition de l'aliénation exige que l'on instaure un régime d'*abondance*. L'abondance ne doit pas être définie par la pleine satisfaction de tous les désirs. Elle est atteinte lorsque le développement des forces productives est tel qu'il est devenu possible de satisfaire les besoins matériels de chacun sans qu'il soit

Quatre régimes de propriété
des moyens de production
et de liberté formelle

		Liberté formelle des travailleurs	
		Oui	Non
Propriété des moyens de production	privée	*Capitalisme*	*Féodalité*
	collective	*Socialisme*	*Collectivisme*

nécessaire de rémunérer quiconque pour les activités productives qu'il exerce. En d'autres termes, lorsque ce régime sera atteint, la société pourra écrire sur sa bannière, comme dans le stade ultime de la société communiste évoqué par Marx [1875] : « De chacun selon ses capacités, à chacun selon ses besoins ! » Il sera en effet possible de satisfaire inconditionnellement les besoins de chacun avec le produit d'un travail suffisamment léger ou attrayant pour que ceux qui y affectent leurs capacités productives le fassent volontairement et gratuitement.

Dans une telle perspective, la supériorité que les marxistes assignent au socialisme par rapport au capitalisme, à la propriété publique par rapport à la propriété privée des moyens de production, est purement instrumentale. On réalisera d'autant plus rapidement un régime d'abondance, et donc les conditions matérielles d'une société pleinement libérée de l'aliénation, que la croissance de la productivité sera plus rapide. Il n'est pas difficile d'imaginer que le socialisme bien conçu puisse, sous cet angle, faire mieux que le capitalisme. D'abord, la planification centralisée de l'investissement et de la production rendue possible par la propriété publique du capital devrait pouvoir organiser l'économie avec moins de gaspillage et de manière moins chaotique qu'un régime capitaliste qui confère le pouvoir de décider ce qu'on produit et à quel moment on investit à des capitalistes soucieux de leur seul intérêt personnel. En outre, le progrès technique devrait pouvoir bénéficier de la diffusion au sein de toute la collectivité de savoirs et de technologies dont le capitalisme autorise l'appropriation privée, et donc la confiscation par une minorité. Si le socialisme se justifie, dans cette première interprétation du projet marxiste, c'est en raison de la force de présomptions factuelles de ce type.

Aujourd'hui, on a pris la mesure de la difficulté de centraliser efficacement l'information qui permet de produire ce dont les consommateurs ont besoin. On s'est aussi rendu compte de l'efficacité de la maxime « Innove ou péris ! » à laquelle le capitalisme soumet les entreprises, même dans des secteurs relativement protégés, et qui contraint sans cesse les capitalistes à vaincre l'inertie qui les guette pour augmenter la productivité du travail. Ces considérations ne sont peut-être pas décisives. Mais l'essentiel, ici, est de comprendre que celui qui adhère à cette première interprétation du projet éthique marxiste n'a nul besoin de s'arc-bouter dogmatiquement sur l'affirmation factuelle de la supériorité du socialisme quant à la promotion de la productivité. Si une variété de capitalisme constitue un instrument plus rapide ou plus sûr pour accéder à un régime d'abondance, pourquoi faudrait-il s'en priver ?

Certes, que l'on opte pour la voie capitaliste ou pour la voie socialiste, il peut être éthiquement problématique de sacrifier un nombre indéfini de générations au nom d'une hypothétique situation d'abondance à venir. Mais peut-être peut-on reformuler ce projet d'une manière plus conforme à l'équité intergénérationnelle en demandant simplement qu'à chaque génération la proportion la plus élevée possible du produit social soit distribuée en fonction des besoins et indépendamment des contributions, sous la contrainte de la satisfaction des besoins fondamentaux de chacun. Il ne s'agit alors plus de réaliser sur un nombre minimal de générations le plein règne de la liberté, mais plutôt de permettre à chaque génération de réaliser ce règne de la liberté au degré le plus élevé qui lui soit accessible (voir la représentaiton graphique à la fin du chapitre IV et Van Parijs [1993], chapitres 8 à 10).

3. La justice du socialisme et l'exploitation

La seconde interprétation du projet éthique central du marxisme articule une conception radicalement égalitaire de la justice. Plus précisément, il s'agit d'*abolir l'exploitation de l'homme par l'homme caractéristique de toute société de classe, et en particulier du capitalisme*. Dans cette seconde interprétation, la vertu cruciale du socialisme n'est pas qu'il est plus efficace que le capitalisme, mais qu'il est plus juste. Marx lui-même récuse manifestement cette approche et reproche à d'autres socialistes de l'adopter (voir encadré plus haut). Cela n'empêche pas que la condamnation morale du capitalisme qu'elle autorise fournisse la justification la plus convaincante du socialisme à une époque où les prétentions de celui-ci à la supériorité économique sont ébranlées ; mieux encore, se centrer sur la notion d'exploitation permet au marxisme d'inspirer une conception générale de la justice qui diffère radicalement des conceptions utilitariste et libertarienne, et dont la pertinence n'est nullement limitée à l'évaluation des modes de production.

Commençons par définir avec précision la notion marxiste d'exploitation en confinant notre attention, comme Marx [1867] le fait dans *Le Capital*, à une société fictive dans laquelle existent deux classes disjointes d'individus, les travailleurs et les non-travailleurs. Les travailleurs produisent tous les biens consommés dans cette société, à l'exception de ceux directement fournis par la nature. Une partie de ces biens sert uniquement à remplacer les moyens de production consommés dans le processus de production, à savoir les biens intermédiaires et les outils présents au début de la période. Le solde, c'est-à-dire le produit total diminué de ces biens, est appelé le *produit net*. La partie de ce produit net qui est (éventuellement) appropriée par des non-travailleurs est appelée *surproduit*, et le travail consacré à produire celui-ci *surtravail*. Dans la conception marxiste habituelle, les travailleurs sont *exploités* si et seulement s'ils effectuent du surtravail, c'est-à-dire si les non-travailleurs s'approprient une partie du produit net.

L'exploitation ainsi définie est certainement inhérente au capitalisme, car les capitalistes n'ont intérêt à mettre les moyens de production qu'ils détiennent à la disposition des travailleurs que s'ils peuvent raisonnablement en escompter un profit. Or tout capitaliste qui fait un profit — c'est-à-dire dont les recettes excèdent les dépenses — s'approprie nécessairement une partie du produit net. Même s'il n'en consomme rien et réinvestit tout, il exploite dès lors les travailleurs. Certes, il ne *force* pas ceux-ci à travailler pour lui, à la différence des propriétaires d'esclaves ou des seigneurs féodaux, mais il ne s'en *approprie* pas moins leur surproduit : les travailleurs ne le lui cèdent pas par amitié ou par générosité, mais en raison du pouvoir que lui confère la possession des moyens de production. L'exploitation est donc inhérente au capitalisme.

Dans la société socialiste (idéale), en revanche, les moyens de production sont détenus collectivement par les travailleurs, ou du moins par un pouvoir politique au sein duquel les travailleurs sont largement majoritaires. Ce sont donc les travailleurs eux-mêmes qui décident de la part du produit social allouée à l'accumulation et de la manière dont le solde sera distribué entre les travailleurs et, éventuellement, les non-travailleurs. Il se peut en effet que des non-travailleurs se voient allouer une partie du produit — les jeunes, les personnes âgées, les malades, voire (s'il en reste) les parents au foyer et les clochards. Mais ils le devront à la générosité des travailleurs, non à un pouvoir quelconque exercé sur eux, et ce transfert ne constitue dès lors pas une forme d'exploitation, c'est-à-dire d'extraction de surtravail, dont le socialisme (idéal) est donc nécessairement exempt. Dans la seconde interprétation du projet marxiste, c'est là que se situe l'avantage décisif, directement éthique, du socialisme sur le capitalisme.

La question éthique centrale que pose cette seconde approche est de savoir ce qui rend injuste l'exploitation telle qu'elle a été définie. En d'autres termes, quel est le principe de justice qu'elle viole nécessairement et qui permet, de ce fait, de défendre le socialisme contre le capitalisme au nom de la justice ? Examinons rapidement trois réponses possibles à cette question.

4. Le droit du travailleur au fruit de son travail

La réponse la plus directe, parfois qualifiée de « socialiste-ricardienne » (en référence à l'économiste anglais David Ricardo qui exerça une influence déterminante sur la manière dont Marx formula sa critique du capitalisme), fait appel à un droit du créateur à ce qu'il a créé. Les travailleurs produisent la totalité du produit, et ils en sont donc les légitimes propriétaires. Ils ont droit, dans les termes du premier programme du parti social-démocrate allemand (que Marx [1875] critique dans un texte célèbre), au produit intégral de leur travail. Si un tel principe est valable, l'exploitation est manifestement injuste, puisque l'appropriation du surproduit par les non-travailleurs viole nécessairement le droit des travailleurs à la totalité du produit.

Cette réponse tient-elle la route ? Pour cela, il faut d'abord être certain que les travailleurs, et eux seuls, sont les créateurs du produit. Or, à l'évidence, les ressources naturelles et le capital contribuent aussi à la production. Quoique le capital soit constitué exclusivement du produit du travail passé, il n'en représente pas moins une contribution propre du capitaliste, qui consiste précisément en ceci qu'il s'est abstenu de consommer le produit de ce travail passé. Il serait donc abusif de dire que seuls les travailleurs contribuent à la création du produit. Mais il n'est pas pour autant abusif de dire que seuls les travailleurs *y participent activement*, en un sens qui implique, à tout le moins, présence physique et dépense d'énergie (voir Cohen [1988]).

Pour établir le droit des travailleurs au fruit de leur travail, il reste alors a établir, comme un principe de justice défendable, que le droit à un produit revient intégralement à ceux qui ont participé activement à sa création. Imaginons deux groupes de travailleurs agricoles. Pour une même quantité de travail effectué, l'un jouit d'un niveau de vie beaucoup plus élevé que l'autre, du fait d'un sol plus riche, d'un climat plus favorable, ou d'un accès plus facile à l'eau. Est-il si évident de décréter juste l'attribution au premier groupe du droit à la totalité du produit dont il est, au sens ici retenu, le créateur exclusif ? Le fait que la productivité soit fortement influencée par des conditions naturelles ne jette-t-il pas un doute fatal sur la plausibilité éthique d'un tel principe ? Si le marxisme a la prétention de formuler un projet ancré dans une conception égalitaire de la justice, cette voie « socialiste-ricardienne » — pas tellement différente, à la réflexion, d'une approche libertarienne fondée sur un principe d'« appropriation originelle » — est manifestement peu prometteuse.

5. L'échange inégal

Si l'exploitation est injuste, c'est alors peut-être plutôt parce qu'elle *implique nécessairement un échange inégal*. Une économie peut être considérée comme une forme complexe de coopération ou d'échange, à laquelle les individus apportent des contributions et dont ils retirent des avantages. En supposant que l'on puisse mesurer les contributions et les avantages de telle sorte que la somme des premières soit égale à la somme des seconds, un principe d'échange égal pourrait énoncer que les avantages que chacun retire de la coopération sociale doivent être exactement égaux à sa contribution. Si l'on mesure les contributions et les avantages en termes de valeur-travail, ou encore de travail socialement nécessaire (c'est-à-dire nécessaire, en moyenne, pour produire les biens concernés, étant donné les conditions de production), l'échange inégal n'est alors rien d'autre que l'exploitation définie, comme elle l'est souvent, comme l'extraction de plus-value. Est, par définition, producteur de *plus-value*, et donc victime d'un échange inégal en ce sens, celui qui fournit plus de travail socialement nécessaire qu'il n'en reçoit, incorporé dans les biens qu'il achète avec son revenu. Est au contraire bénéficiaire d'un échange inégal, ou extracteur de plus-value celui qui fournit moins de travail socialement nécessaire que ce qui est incorporé dans la part du produit net qui lui est attribuée.

Cette notion d'échange inégal de valeur a l'avantage de pouvoir en principe s'appliquer au-delà de notre situation simple initiale comprenant deux classes distinctes de travailleurs et de capitalistes non travailleurs, mais elle inclut comme un cas limite la notion d'exploitation comme extraction de surtravail introduite dans ce contexte. En effet, le numéraire choisi pour mesurer la contribution est le travail socialement nécessaire effectué au cours de la période concernée ; il est dès lors évident que seuls les travailleurs apportent une contribution strictement positive, et que les non-travailleurs bénéficient d'un échange inégal dès qu'ils reçoivent une part, aussi petite soit-elle, du produit net. Par conséquent, l'exploitation des travailleurs par les non-travailleurs, telle que j'initialement définie, implique nécessairement un échange inégal de valeur-travail. Si cet échange inégal est injuste, l'exploitation l'est également. Mais le principe de l'échange égal de valeur-travail est-il bien défendable en tant que principe égalitaire de justice ?

Ce principe pose d'abord problème quant à la manière dont il évalue les avantages. Si la production de deux biens requiert la même quantité de travail, ils sont comptabilisés de la même manière même si l'un d'entre eux requiert une quantité de capital ou de matières premières sensiblement supérieure. Mais c'est surtout au niveau de l'évaluation des contributions que le principe pose problème. La quantité de travail socialement nécessaire effectuée par un travailleur peut différer de la quantité de travail effectivement fournie du fait que ce travailleur peut être plus ou moins productif que la moyenne. L'estimation de cet écart soulève de graves difficultés de mesure dès le moment où la production est le résultat de la coopération de nombreux travailleurs exerçant des fonctions complémentaires. Cependant, même à supposer que ces problèmes puissent être résolus, le principe d'échange égal de valeur-travail impliquerait encore que le travailleur moins adroit que la moyenne, ou celui qui travaille une terre particulièrement pauvre, ou encore celui qui travaille dans une entreprise équipée de machines obsolètes n'aurait droit, pour cette raison, qu'à une part plus petite du produit social. Du point de vue d'un projet qui veut s'appuyer sur une conception égalitaire de la justice, on retrouve ainsi, dans une version plus générale, une difficulté qui avait discrédité, plus haut, le principe du droit du créateur à l'intégralité de sa création.

6. L'inégalité de dotations

On pourrait songer à infléchir le principe d'échange égal de valeur-travail dans le sens d'une proportionnalité entre le travail effectivement fourni et le revenu monétaire obtenu (voir Carens [1985]). Mais il existe une troisième approche de l'exploitation, développée par l'économiste John Roemer [1982, 1988] avec l'outillage formel de la théorie des jeux, qui permet sans doute de formuler de manière plus élégante et convaincante la conception égalitaire de la justice qui est au cœur de la seconde interprétation du projet marxiste.

L'approche de Roemer part d'une définition de l'exploitation capitaliste qui peut être sommairement présentée de la manière suivante. Une personne est victime de l'exploitation *capitaliste* au cas où son sort matériel se verrait amélioré (toutes choses égales par ailleurs) si la propriété des moyens de production était également répartie entre tous. Elle est au contraire un exploiteur capitaliste au cas où cette répartition égale détériorerait son sort matériel. Dans les conditions simplifiées envisagées par Marx, avec deux classes bien distinctes de capitalistes et de travailleurs, cette définition de l'exploitation capitaliste est extensionnellement équivalente à la définition traditionnelle en termes de surtravail : elle trace la même ligne de démarcation entre exploités et exploiteurs. Cependant, tout comme la définition en termes d'échange inégal de valeur-travail, elle a l'avantage de s'appliquer également au cas général où chacun combine à des degrés très divers revenus du capital et du travail ; en outre, elle évite tant les difficultés conceptuelles liées à la notion de valeur-travail que les implications antiégalitaires illustrées plus haut.

Bien entendu, dans un contexte où les travailleurs ont des revenus très inégaux en raison de grandes différences de qualifications, il devient vite évident que l'exploitation capitaliste, au sens nouvellement défini, ne constitue pas la seule forme d'injustice possible. Un autre avantage de la définition de Roemer est justement qu'elle se prête aisément à une généralisation permettant d'identifier et d'articuler d'autres formes d'injustice. Ainsi, une personne peut être considérée comme victime ou bénéficiaire de l'exploitation *féodale* (supposée prévaloir dans une société fondée sur le servage, l'esclavage ou d'autres formes de différenciation statutaire) selon qu'elle gagnerait ou perdrait, en termes de bien-être matériel, au cas où chacun se verrait reconnu une pleine liberté formelle. Et une personne est victime ou bénéficiaire de l'exploitation *socialiste* (supposée prévaloir au cours de ce que Marx caractérise comme la première phase de la société communiste) selon qu'elle gagnerait ou perdrait, toutes choses égales par ailleurs, au cas où le niveau de qualification deviendrait égal pour tous.

Cette conception générale de l'exploitation comme une inégalité de bien-être matériel ancrée dans une inégalité de

---

Les trois types d'exploitation selon Roemer

Dans l'approche de l'exploitation proposée par Roemer, ce qui importe n'est pas l'inégalité des dotations en elle-même, mais bien l'inégalité de sort matériel que la distribution non égalitaire des dotations induit.

Situation contrefactuelle de référence	... si la liberté formelle était accordée à tous	... si le capital était réparti de manière égale	... si les qualifications étaient réparties de manière égale
Type d'exploitation	Féodale	Capitaliste	Socialiste
Victime (dont le sort s'améliorerait...)	Serf	Prolétaire	Non qualifié
Bénéficiaire (dont le sort se dégraderait...)	Seigneur	Capitaliste	Qualifié

dotations constitue une manière intéressante de « rajeunir » l'approche marxiste traditionnelle en explicitant son noyau éthique et en lui permettant d'éclairer des situations d'injustice irréductibles à l'opposition binaire entre capitalistes et prolétaires, entre ceux qui détiennent des moyens de production et ceux qui en sont privés. Il importe cependant de noter deux difficultés qu'elle soulève nécessairement.

Pour commencer, il faut souligner le caractère purement arithmétique de l'exercice mental auquel la définition de l'exploitation « rajeunie » recourt pour déterminer les conséquences distributives d'une égalisation des dotations. En effet, à cause de la clause « toute choses égales par ailleurs », on ne cherche nullement à savoir de quel niveau de bien-être une personne jouirait *effectivement* au cas où chacun recevrait une dotation égale, en tenant compte, par exemple, d'une éventuelle influence négative de cette égalisation sur l'efficacité du fonctionnement de l'économie. De ce fait, la situation de référence à laquelle on compare la situation réelle pour déterminer s'il y a exploitation est généralement irréalisable, et se demander si une personne exploite ou est exploitée revient seulement, en l'occurrence, à se demander si une personne dispose d'une dotation supérieure ou inférieure à la dotation moyenne.

En second lieu, il semble problématique, du point de vue de la justice sociale, de ne faire aucune différence entre le capital inégalement distribué par héritage et le capital inégalement constitué par l'épargne à partir d'une situation égalitaire initiale, ou entre des talents innés inégaux et des savoir-faire inégalement développés à partir de talents égaux. Une situation d'exploitation au sens spécifié plus haut n'est pas nécessairement injuste dès le moment où l'on souhaite faire place à la *responsabilité individuelle*. C'est cette dernière considération qui a graduellement conduit Roemer de sa théorie générale de l'exploitation à une théorie générale de l'égalité des chances [Roemer, 1998], qui peut être interprétée comme une version radicale de l'approche libérale-égalitaire présentée dans les deux chapitres suivants.

IV / L'égalitarisme libéral de John Rawls

Quatrième référence fondamentale de l'éthique économique et sociale contemporaine, la conception libérale-égalitaire de la justice nous a paru mériter un traitement un peu plus ample. Sa formulation systématique dans la *Théorie de la justice* de John Rawls peut en effet être considérée comme l'acte fondateur de l'éthique économique et sociale contemporaine, et Rawls n'a cessé d'occuper depuis lors une position pivot, au carrefour des débats substantiels avec les vénérables traditions utilitariste, libertarienne et marxiste qu'il a forcées à se reformuler, mais aussi avec les tentatives de fournir une base éthique cohérente aux mouvements tiers-mondiste, féministe et écologiste et avec les perspectives plus méta-éthiques de l'éthique de la communication de Karl-Otto Apel ou de Jürgen Habermas (voir Ferry [1994], Habermas et Rawls [1997]), du communautarisme d'Alasdair MacIntyre [1981] ou de Michael Sandel [1982] (voir Berten, Da Silveira et Pourtois [1997]), et du postmodernisme de Gianni Vattimo [1985] ou de Richard Rorty [1988] (voir Arnsperger [2000c]).

1. Les biens premiers

Au cœur de la conception libérale-égalitaire de la justice se trouve le pari de pouvoir articuler d'une manière cohérente l'adhésion simultanée aux idéaux de liberté et d'égalité. Plus spécifiquement, cette conception de la justice entend combiner, d'une part, un égal respect à l'égard de toutes les conceptions « raisonnables » de la vie bonne qui se côtoient dans nos sociétés pluralistes et, d'autre part, le souci impartial d'assurer

John Rawls,
l'austère père fondateur

Professeur à l'université Cornell, puis à Harvard, John Rawls (1921-2002) n'avait publié que quelques articles épars lorsqu'il fait paraître, à l'âge de cinquante ans, un livre long et dense (*A Theory of Justice*, 1971) qui allait modifier en profondeur le champ de l'éthique économique et sociale, d'abord aux États-Unis, puis à travers le monde. En dépit d'une austérité qui n'a rien à envier à Kant, dont Rawls se présente comme l'héritier, et en dépit d'implications pratiques qui le situent à l'extrême gauche de l'échiquier politique américain, le livre devient rapidement la lecture obligatoire par excellence pour les enseignements en éthique et en philosophie politique des universités des États-Unis. L'opposition rituelle entre Rawls et les utilitaristes, puis les libertariens, puis les communautariens, se met à structurer les manuels et les anthologies. Rawls lui-même intervient peu dans les nombreuses polémiques que suscite son livre. D'une part, il poursuit une réflexion sur les présupposés de son approche au fil d'essais ultérieurement intégrés dans son deuxième livre (*Libéralisme politique*, 1993). D'autre part, il élabore les implications d'une attitude cohérente de respect à l'égard de la diversité des peuples dans un troisième livre, qui présente sa conception de la justice internationale (*The Law of Peoples*, 1999).

à chaque citoyen, autant que possible, ce qui lui est nécessaire pour poursuivre la réalisation de sa conception de la vie bonne.

Pour relever ce défi, Rawls propose de formuler les exigences de la justice en termes de *biens premiers* (voir encadré), c'est-à-dire des moyens généraux requis pour se forger une conception de la vie bonne et en poursuivre la réalisation, quel qu'en soit le contenu exact. Rawls distingue les biens premiers *naturels*, comme la santé et les talents, qui ne sont pas directement sous le contrôle des institutions sociales, des biens premiers *sociaux*, qu'il répartit en trois catégories : les libertés fondamentales, l'accès aux diverses positions sociales, et les avantages socio-économiques liés à ces positions, en l'occurrence le revenu et la richesse, les pouvoirs et les prérogatives, et les « bases sociales du respect de soi ». Une société juste, conforme aux deux idéaux d'égal respect pour les conceptions de la vie bonne, d'une part, et d'égal souci de la possibilité pour chacun de les réaliser, d'autre part, est une société dont les institutions répartissent les biens premiers sociaux de manière équitable entre ses membres en tenant compte, notamment, du fait que ceux-ci diffèrent les uns des autres en termes de biens premiers naturels.

Les biens premiers

Naturels *Sociaux*

Santé
Talents

Libertés fondamentales :
  Droit de vote et d'éligibilité
  Liberté d'expression et de réunion
  Liberté de conscience et de pensée
  Liberté de détenir de la propriété personnelle
  Protection contre l'arrestation et la dépossession arbitraires
Chances d'accès aux positions sociales
Avantages socio-économiques :
  Revenu et richesse
  Pouvoirs et prérogatives
  Bases sociales du respect de soi
  Loisir [Rawls, 1993a]

Quels sont les principes qui définissent, selon Rawls, une distribution équitable des biens premiers sociaux ? Ce sont les célèbres « deux principes » de la *Théorie de la justice*, qui sont en fait au nombre de trois : le principe d'égale liberté, le principe d'égalité équitable des chances, et le principe de différence (voir encadré).

Les trois principes de justice de Rawls [1971]

1. *Principe d'égale liberté :* le fonctionnement des institutions doit être tel que toute personne a un droit égal à l'ensemble le plus étendu de libertés fondamentales égales qui soit compatible avec un ensemble semblable de libertés pour tous.

2. Les éventuelles inégalités sociales et économiques engendrées dans le cadre de ces institutions doivent satisfaire deux conditions :

a. *Principe de différence :* elles doivent être au plus grand bénéfice des membres les moins avantagés de la société.

b. *Principe d'égalité équitable des chances :* elles doivent être attachées à des fonctions et positions auxquelles tous ont le même accès, à talents donnés.

Clause de priorité lexicographique : le principe d'égale liberté (1) est strictement prioritaire par rapport au principe d'égalité équitable des chances (2b), lui-même strictement prioritaire par rapport au principe de différence (2a).

2. Les principes d'égale liberté et d'égalité équitable des chances

Le principe d'égale liberté garantit à tous les citoyens une liste déterminée de libertés fondamentales — la liberté d'expression, la liberté de conscience, la liberté d'association, la protection contre les jugements et emprisonnements arbitraires, le droit de vote et d'éligibilité — au niveau le plus élevé qui puisse être garanti de manière égale à tous. Ce principe ne fait donc pas de ces libertés des droits absolus. Les libertés d'expression et d'association, par exemple, peuvent être restreintes et régulées, mais seulement au nom d'autres libertés fondamentales. Ce pourrait être le cas, par exemple, si l'usage de la liberté d'expression amenait une partie de la population, par la diffusion d'informations erronées, à ne pas exercer son droit de vote ou d'éligibilité.

Le principe d'égalité équitable des chances n'exige pas que l'on garantisse à toutes les catégories de citoyens la même *probabilité* d'accès aux diverses positions sociales ; il demande seulement que des personnes ayant les mêmes talents aient la même *possibilité* d'accès à ces positions. D'une part, en effet, les possibilités égales ne se traduiraient en probabilités égales que si les conceptions de la vie bonne étaient réparties de manière homogène dans les différentes catégories sociales (hommes et femmes, par exemple) et dans les différents groupes ethniques. Or, il n'y a aucune raison de supposer qu'une telle homogénéité s'instaure spontanément, et aucune raison, dans une perspective libérale, de vouloir imposer à tous la même conception de la vie bonne. C'est pourquoi il s'agit seulement de répartir égalitairement les chances, pas les probabilités.

En outre, il ne s'agit que de garantir leur égalité *équitable*. Si les institutions, et en particulier le système d'enseignement, doivent exclure radicalement toute forme de discrimination qui soit arbitraire en vue de l'efficacité (sur une base raciale ou sexuelle, par exemple), elles ne sont en revanche nullement tenues d'assurer à tous la même chance d'accéder à toute position sociale, quel que soit le degré d'adéquation des talents d'une personne aux exigences de la fonction qu'elle sollicite. La société ne doit pas épuiser ses ressources à offrir aux mal-voyants la possibilité d'être pilote ou aux faibles d'esprit celle de devenir ingénieur. Mais si les talents innés de deux personnes sont identiques, les institutions doivent œuvrer — en particulier à travers une limitation des inégalités de richesse, une prohibition du sexisme, du racisme et du népotisme, et surtout un enseignement efficace, obligatoire et gratuit — à leur donner à l'une et à l'autre les mêmes possibilités d'accès aux positions sociales de leur choix.

3. Le principe de différence

Quant au principe de différence, le souci impartial des moyens mis à la disposition de chacun ne l'amène pas à stipuler que tous les citoyens doivent disposer du même revenu net ou détenir la même richesse, et cela pour deux raisons (voir Van Parijs [2002a]). D'abord, le principe de différence n'est pas directement formulé en référence aux niveaux des avantages socio-économiques effectivement atteints par les différents membres de la société, mais en référence aux *espérances* associées aux diverses positions sociales, c'est-à-dire aux niveaux de biens premiers atteints en moyenne au fil d'une existence entière par les personnes occupant ces positions. Ce principe suppose que l'on définisse une position véritablement accessible à tous, parce qu'elle ne requiert aucun talent particulier, par exemple la position de travailleur non qualifié, et il exige que le niveau des espérances (en termes de revenu, de richesse, de pouvoir, etc.) associées à cette position sociale soit maximisé.

En second lieu, le principe de différence prend en compte la possibilité que les inégalités entre les niveaux des avantages économiques associés à différentes positions sociales aient un effet positif sur la somme des avantages à partager. Ainsi, des inégalités de revenu peuvent amener travailleurs et épargnants à travailler et épargner davantage, et surtout d'une manière plus judicieuse d'un point de vue collectif. Des inégalités de richesse et de pouvoir peuvent permettre de localiser le pouvoir de décision économique chez ceux qui sont le mieux à même d'en faire bon usage. De ce fait, même les personnes les plus mal loties pourraient connaître, grâce à ces inégalités, un sort bien meilleur qu'en cas d'égalité stricte.

En admettant comme justes certaines inégalités, le principe de différence cherche à concilier égalité et efficience. Sous la contrainte des deux autres principes, il impose dès lors de sélectionner le « maximin », c'est-à-dire de choisir, parmi tous les arrangements institutionnels envisageables et réalisables,

Principe de différence
et option pour les plus pauvres

Pour comprendre le contenu du principe de différence, il peut être utile de le comparer à l'« option préférentielle pour les pauvres », telle qu'on peut par exemple la trouver aujourd'hui dans la théologie de la libération et ailleurs dans la pensée chrétienne. À cette fin, considérons une société fictive composée de trois groupes de personnes A, B et C. Supposons que les libertés fondamentales et les chances d'accès aux positions sociales y soient réparties de manière égale. Restent les avantages socio-économiques, que nous mesurerons à l'aide d'un indice unique. Supposons enfin que trois (et seulement trois) options institutionnelles efficientes soient possibles et qu'elles conduisent aux répartitions (Pareto-optimales) suivantes :

Option I	*Option II*	*Option III*
A 10	A 11	A 21
B 13	B 12	B 11
C 10,2	C 10	C 31

Telle qu'elle est interprétée le plus souvent, l'option préférentielle pour les plus pauvres suppose que, dans le cadre de l'option institutionnelle effectivement réalisée (mettons II), on compare la situation des trois groupes (A, B, C), que l'on identifie le groupe le plus défavorisé (C) et qu'on focalise l'action collective sur l'amélioration de son sort. Le principe de différence de Rawls, en revanche, ne s'applique pas à un cadre institutionnel donné ; il offre un critère de choix *entre* diverses options institutionnelles. Il exige que l'on compare les trois options institutionnelles (I, II, III) en évaluant à chaque fois les espérances du groupe qui y occupe la position la plus défavorisée (respectivement A, C et B), puis de choisir l'option dans laquelle le groupe le plus défavorisé (éventuellement, comme ici, différent à chaque fois) puisse espérer l'indice d'avantages le plus élevé — en l'occurrence l'option III, qui est certes plus inégalitaire que I ou II, mais où les plus défavorisés connaissent un meilleur sort.

Si, cependant, l'option préférentielle pour les plus pauvres n'inspire pas seulement des actions généreuses dans un cadre institutionnel donné, mais des réformes institutionnelles modifiant ce que peuvent attendre au fil de leur existence les divers groupes sociaux, alors elle peut aussi être comprise comme une impulsion qui meut les institutions dans la direction de la satisfaction du principe de différence — et au-delà. Certes, là où le principe de différence est satisfait, l'option préférentielle pour les plus pauvres ne peut justifier une lutte pour des réformes qui amélioreraient la situation relative des plus pauvres — réformes qui, par hypothèse, auraient pour conséquence inévitable de détériorer, en deçà de son niveau présent, leur situation absolue ou la situation de ceux qui seront alors devenus les plus pauvres. Mais elle justifierait une action de persuasion pour que, dans ce cadre institutionnel optimal, les mentalités se modifient de manière à égaliser davantage sans que les plus démunis n'en paient le prix (voir l'épilogue p. 106 *sq.*).

celui qui rend aussi élevé que possible l'indice des avantages socio-économiques que peuvent espérer ceux dont l'indice est le plus faible, et dont l'identité peut varier d'un arrangement à un autre (voir encadré page 61). Cet indice n'inclut pas seulement le revenu et la richesse, mais aussi les pouvoirs et les prérogatives ainsi que les « bases sociales du respect de soi », qui constituent peut-être le bien premier le plus important selon Rawls, et qu'on peut sommairement caractériser comme les conditions sociales permettant à chacun de voir sa valeur reconnue par les autres et par lui-même. Un arrangement institutionnel dans lequel les plus pauvres seraient moins pauvres, mais plus méprisés qu'ils ne le seraient dans tout autre arrangement, ne satisferait pas la version pertinente du critère du maximin si le plus grand respect qu'induiraient ou permettraient d'autres institutions avait pour effet d'améliorer l'indice global associé à la position des moins favorisés.

Comment construire l'indice des avantages socio-économiques que requiert l'application du principe de différence ? Comment réduire à une mesure commune l'étendue de nos pouvoirs, le volume de notre richesse, le degré auquel les conditions du respect de soi sont garanties ? Rawls ne se soucie pas outre mesure des problèmes classiques posés par l'agrégation, en une seule grandeur, de quantités hétérogènes. Il estime qu'il est possible de construire un tel indice en échappant à la fois à un cadre *welfariste* — qui impliquerait une évaluation subjective des paniers d'avantages socio-économiques en référence aux fonctions d'utilité individuelles — et à un cadre *perfectionniste* — qui impliquerait une évaluation objective en référence à une conception particulière de la vie bonne. Il se contente de noter qu'il existe une forte corrélation positive entre les diverses dimensions qu'il s'agit d'agréger, et qu'un jugement prudentiel du point de vue des plus défavorisés devrait permettre de nous guider si un arrangement institutionnel se révélait supérieur dans une dimension, mais inférieur dans une autre.

4. La hiérarchie des trois principes

Il importe à présent de clarifier l'ordre de priorité que Rawls impose à ses trois principes. La priorité stricte du premier principe sur les deux autres implique qu'il est inadmissible de vouloir justifier une restriction ou une répartition inégale des

Le « leximin »

Il est possible de raffiner le critère de maximin utilisé dans le principe de différence en envisageant des cas où deux arrangements sociaux donneraient à leurs catégories les moins favorisées respectives le même niveau d'indice. Dans ce cas, la version plus élaborée du critère enjoint que l'on passe à l'avant-dernière catégorie. Si son indice est différent d'un arrangement à l'autre, on choisit l'arrangement où il est le plus élevé. S'il est identique, on passe à la maximisation de l'indice de la catégorie antépénultième, et ainsi de suite. Le critère ainsi caractérisé est connu sous le nom de maximin lexical ou de « leximin » [Sen, 1970], par allusion à l'analogie entre cette manière d'ordonner les arrangements institutionnels (en commençant par regarder la situation de la dernière catégorie, sans regarder les autres, puis en passant à l'avant-dernière, etc.) et la manière de classer des mots dans un lexique (en commençant par les ranger en fonction du rang de la première lettre, sans regarder les autres, etc.). Prenons le cas le plus simple : une société composée de trois groupes de taille égale, A, B et C, faisant face à trois options I, II et III.

Option I		Option II		Option III	
A	10	A	11	A	11
B	13	B	14	B	10
C	12	C	10	C	10

Pour le maximin, les options I, II et III peuvent être choisies indifféremment, car toutes trois assurent aux plus défavorisés (A dans I, C dans II, B et C dans III) le même niveau de 10. On peut cependant observer que le niveau assuré à l'avant-dernier groupe est plus élevé dans I (C) que dans II (A) et plus élevé dans II que dans III (B ou C). L'option I est dès lors préférable socialement si l'on applique le leximin au lieu du maximin. Une version plus stricte du maximin qui n'admettrait comme justes que les inégalités contribuant à améliorer le sort des plus défavorisés justifierait au contraire le choix de l'option III.

---

libertés fondamentales au nom soit de l'égalisation des chances d'accès aux positions sociales, soit d'une amélioration de la situation matérielle des plus défavorisés. Dans une société rawlsienne, on ne saurait par exemple diminuer la discrimination raciale par des méthodes requérant une interdiction de réunions politiques ou syndicales, ni réduire l'inégalité imputable à l'origine sociale en abolissant la possibilité de fonder une famille. De même, il est inadmissible d'« acheter » davantage de revenu pour ceux qui en ont le moins en sacrifiant une partie des libertés dont eux-mêmes ou d'autres jouissent, ou en s'accommodant d'une inégalité inéquitable de chances d'accès à certaines positions sociales. Pas question, donc, de juger préférable une situation dans laquelle une minorité ethnique

L'égalitarisme complexe de Michael Walzer

Au contraire de l'utilitarisme, mais aussi d'autres conceptions libérales-égalitaires de la justice, comme l'égalitarisme des ressources de Ronald Dworkin [1981] (voir chapitre V ci-dessous), Rawls distingue plusieurs catégories irréductibles de biens dont la répartition importe du point de vue de la justice, et il les assigne à des principes distincts. Aux yeux du philosophe et théologien de Princeton Michael Walzer [1983], il ne va pas assez loin dans cette direction. Appuyant partiellement sa position sur une analyse historique qui n'est pas sans parenté avec l'approche empirique de Luc Boltanski et Alain Thévenot [1991], il défend une conception de la justice comme égalité complexe, qui exige que l'on préserve l'étanchéité des diverses « sphères » de la vie sociale et l'inconvertibilité des catégories de biens qui sont constitutives de chacune de ces sphères. Au sein de chaque sphère opère un critère d'équité spécifique, irréductible à celui qui opère dans les autres. Ainsi, le poids égal de chaque citoyen dans le processus de décision politique, le droit égal de chaque travailleur à participer aux décisions de son entreprise, l'accès à la réussite scolaire selon le seul critère du mérite, ou l'accès aux soins de santé en fonction des seuls besoins sont autant de critères irréductibles l'un à l'autre. Leur champ d'application doit être protégé contre les inégalités, fussent-elles équitables, de pouvoir d'achat. La justice consiste donc tout autant, pour Walzer, à immuniser les autres sphères contre les débordements de l'économique qu'à assurer une distribution équitable des biens économiques.

---

défavorisée aurait troqué sa liberté d'expression ou son droit d'accès à certaines professions contre des salaires plus élevés dans un domaine d'activité plus restreint.

Tout cela, du moins, tant que prévalent des conditions de rareté modérée et que s'applique, par conséquent, la conception « spéciale » de la justice à laquelle la *Théorie de la justice* est presque intégralement consacrée. Dans des circonstances de rareté extrême, c'est-à-dire à un stade de développement économique qui ne permet pas l'établissement durable des libertés fondamentales, les règles de priorité sont écrasées par l'urgence et s'applique alors la conception « générale » de la justice qui exige globalement, et sans plus de hiérarchie, la maximisation du minimum d'un index agrégeant l'ensemble des biens premiers sociaux.

5. La justification par la position originelle

Comment Rawls justifie-t-il ces principes et leur hiérarchie ? Ce sont, dit-il, les principes qui seraient choisis dans ce qu'il nomme la *position originelle*, une situation hypothétique qui n'a rien à voir avec l'« état de nature » imaginé par certains libertariens pour discuter de l'appropriation originelle. S'inscrivant dans la tradition contractualiste de Locke, Rousseau et Kant, le recours à la position originelle constitue une manière commode d'exprimer l'idéal d'une citoyenneté libre et égale inhérent aux sociétés démocratiques. En s'y transposant mentalement, les citoyens acceptent de se placer derrière un « voile d'ignorance », c'est-à-dire de faire abstraction de leur position sociale réelle, de la qualité de leurs biens premiers naturels, ainsi que de leur conception particulière de la vie bonne, pour ne tenir compte que de leurs connaissances générales de la nature humaine et du fonctionnement des sociétés. Ce faisant, ils se soumettent à une contrainte d'impartialité et se mettent en position de formuler les exigences de l'équité. C'est en référence à ce dispositif hypothétique, qui exprime bien le noyau de son approche, que Rawls qualifie celle-ci de conception de la justice comme équité (« *justice as fairness* »). La disposition de chaque individu à se prêter à un tel exercice mental et à en accepter les conséquences définit le *sens de la justice*, qui suppose de la part du citoyen la capacité de formuler des principes impartiaux et de s'y conformer.

On suppose en outre que, dans cette position originelle, les personnes « libres et égales » sont guidées, de manière rationnelle et égoïste, par un intérêt suprême : leur propre possibilité de déterminer et de réaliser une conception de la vie bonne. Leur objectif commun peut donc être caractérisé par des préférences monotones croissantes pour les biens premiers sociaux. En d'autres termes, elles préfèrent toujours plus à moins de libertés fondamentales, de chances et d'avantages socio-économiques. D'autre part, elles sont par hypothèse totalement exemptes d'envie et de sympathie, c'est-à-dire qu'elles manifestent une totale indifférence au sort d'autrui. Enfin, en raison du caractère très particulier de la décision qu'elles ont à prendre, elles ont toutes les apparences d'une aversion extrême au risque (voir encadré).

Il importe de comprendre que cet appel à la position originelle, si utile soit-il, ne constitue qu'une composante de la

Rawls est-il paranoïaque ?

Nous avons vu au chapitre II la manière dont John Harsanyi dérivait la maxime utilitariste comme l'implication inévitable d'une hypothèse de choix rationnel dans une situation d'incertitude fictive exprimant l'exigence d'impartialité. En cela, il se rapproche apparemment très fortement de la position originelle de Rawls. La différence cruciale est que, chez un utilitariste comme Harsanyi, le choix s'effectue selon le critère de maximisation de l'utilité espérée, alors que chez Rawls il est guidé par un critère de maximin. Pour Harsanyi [1975], l'adoption du maximin correspond au cas particulier où les individus sont tous supposés posséder une aversion *infinie* au risque. Elle revient donc à les supposer irrationnels et, pour tout dire, paranoïaques : ils choisissent des principes, et par là un cadre institutionnel, tels que leur sort soit le meilleur possible dans le cas hypothétique où ce serait leur pire ennemi qui déterminerait leur sort dans la « vie ordinaire » !

Face à cette critique, Rawls a vigoureusement souligné dès la *Théorie de la justice* que le choix des principes devant régir la structure de base de la société n'est pas un choix en incertitude comme un autre. Il détermine les possibilités dont les membres présents et futurs de la société disposeront pour l'entièreté de leur existence. Dès lors, il n'est pas évident que le critère qui le guide doive être le même que lorsqu'il s'agit de la succession de choix que nous avons à faire tout au long de notre existence — y compris sur des questions de vie et de mort, par exemple lorsque nous déterminons la vitesse à laquelle nous roulons ou l'altitude à laquelle nous grimpons.

démarche éthique pratiquée par Rawls, telle que nous l'avons caractérisée dans notre prologue. Cette démarche, que Rawls décrit comme la quête d'un équilibre réfléchi, est faite d'une confrontation de principes éthiques à des « jugements moraux bien pesés ». Au sein de cette quête, les raisonnements sous voile d'ignorance constitutifs de la position originelle nous permettent de préciser les contours des idéaux d'égalité et de liberté auxquels la culture inhérente aux sociétés démocratiques nous fait adhérer. Ces raisonnements sous voile d'ignorance ne prétendent donc pas fournir aux principes de justice un fondement rationnel absolu, mais servent simplement à nous guider dans le choix de principes susceptibles de nous faire atteindre notre équilibre réfléchi.

6. Socialisme libéral et démocratie des propriétaires

Une fois les principes justifiés de la sorte, y a-t-il moyen de spécifier de manière plus concrète le type de régime

Rawls champion de la redistribution ?
Une comparaison graphique des quatre approches

Imaginons une société dans laquelle l'État impose les revenus de tous ses citoyens et utilise la recette fiscale dans un seul but : redistribuer les revenus. Il n'y a donc, par hypothèse, aucune autre dépense publique. De ce fait, le montant total redistribué est exactement égal à la recette fiscale. Nous représentons sur l'axe horizontal le taux moyen d'imposition des revenus, t. Sur l'axe vertical, nous représentons à la fois le PNB par tête et la redistribution par tête, dont nous supposons qu'elle prend la forme de services (santé, enseignement, etc.) et de revenus monétaires octroyés à tous. Le taux t mesure donc le rapport entre le revenu minimal (en ce sens large) et le revenu total, et constitue un indicateur du degré d'égalité.

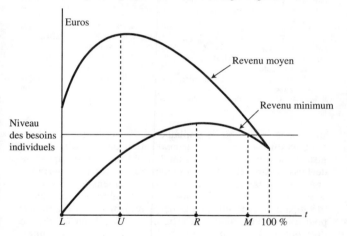

Les deux courbes montrent comment évoluent la richesse produite et la recette fiscale (à chaque fois ramenées à la population) en fonction du taux moyen d'imposition choisi par l'État. Nous faisons l'hypothèse que, pour des taux d'imposition relativement faibles, le PNB par tête croît, par exemple parce que l'effet de « démotivation » lié à la ponction fiscale est supplanté par un effet positif lié par exemple à l'amélioration de l'état de santé ou de la formation de la population. À partir d'un certain taux, cependant, l'effet de démotivation commence à dominer et le PNB par tête diminue. Celui-ci atteint son niveau minimal quand l'État taxe à 100 % le revenu des ménages et des entreprises. La seconde courbe est une « courbe de Laffer », qui représente la variation de la redistribution par tête (égale à la recette fiscale par tête). Elle se déduit de la première en multipliant le PNB par tête par le taux d'imposition, et rejoint la courbe de PNB pour $t = 100$ %, puisque à ce niveau

67

l'ensemble de la richesse produite est redistribuée. On notera que sur notre schéma, même si le revenu de tous les agents économiques est imposé à 100 %, ils continueront à produire en raison de l'attrait non monétaire du travail, de sorte que le revenu associé à ce taux maximal n'est pas nul.

Cette représentation schématique permet de repérer assez aisément, dans le domaine de la taxation et de la redistribution de revenus, une version très simplifiée de chacune des quatre théories présentées dans les chapitres I à IV.

1. Si on suppose que le niveau moyen de bien-être des citoyens est déterminé exclusivement par leur niveau moyen de revenu, c'est le point U qui correspond à l'optimum utilitariste : le taux moyen d'imposition qui maximise la richesse par tête est celui qui maximisera la somme des utilités.

2. Si on adopte la version « premier arrivé, premier servi » du libertarisme, le taux d'imposition optimal est nul :

c'est le point L, qui correspond à l'État minimal dans sa version la plus stricte.

3. La vision marxiste prônant la répartition du produit social selon les besoins dans une société « d'abondance » amènera à choisir une taxation à 100 % : la collectivité distribuera l'ensemble des revenus en fonction des besoins. Cependant, si le revenu par tête induit par ce dispositif est si bas qu'il est devenu inférieur à ce qui serait nécessaire pour satisfaire les besoins individuels de chacun, l'approche marxiste ainsi conçue recommanderait le taux d'imposition le plus élevé qui soit durablement compatible avec la satisfaction des besoins de tous, c'est-à-dire le point M correspondant à l'intersection la plus égalitaire de la courbe de Laffer et de la ligne des besoins de base.

4. Enfin, si on interprète le principe de différence rawlsien comme recommandant la maximisation des espérances de revenu les plus basses, on sélectionnera le point R.

---

socio-économique qu'ils impliquent ? Rawls lui-même estime pouvoir dire *a priori* que la réalisation de ses principes de justice est clairement incompatible avec un régime capitaliste de laisser-faire. En effet, comment un tel régime pourrait-il égaliser les chances et répartir équitablement les avantages socio-économiques ? La justice rawlsienne est tout aussi incompatible avec un régime de planification autoritaire, car pour assurer une allocation efficace du travail, un tel régime doit entraver sérieusement le libre choix professionnel, lui-même essentiel à la satisfaction du principe d'égalité équitable des chances. Enfin, aux yeux de Rawls, ses principes ne sont pas non plus conciliables avec le capitalisme à État-providence que nous connaissons à des niveaux divers en Europe et en Amérique du Nord : l'assistance publique plus ou moins déguisée aux laissés-pour-compte du marché, y compris à travers des systèmes d'assurance sociale, cadre mal avec l'exigence de maximiser les espérances pour les plus défavorisés, non seulement en termes de revenu mais pour l'ensemble des biens premiers sociaux, y compris les bases sociales du respect de soi.

Ce que les principes de Rawls justifient à ses propres yeux, c'est bien plutôt, en fonction des traditions et des circonstances de chaque nation, l'un des deux régimes suivants [Rawls, 1990] : soit un *socialisme libéral*, qui combine la propriété publique des moyens de production avec le respect des libertés fondamentales et une allocation du travail par le marché ; soit une « *démocratie des propriétaires* », qui combine la propriété privée des moyens de production avec une diffusion à ce point large du capital physique et humain que les mesures correctives caractéristiques de l'État-providence n'y jouent qu'un rôle tout à fait marginal, pratiquement réservé aux personnes souffrant de handicaps exceptionnels ou de déficiences mentales.

V / Variations à partir de Rawls

Si la référence à la théorie de Rawls est indispensable, l'adhésion, bien entendu, ne l'est nullement. Rien ne nous empêche de tenter de faire mieux que Rawls pour atteindre notre équilibre réfléchi, que ce soit en affinant, en réhabilitant l'une ou l'autre variante de l'utilitarisme, du libertarisme ou du marxisme, ou en élaborant une approche irréductible à ces traditions. On peut aussi tenter de moduler autrement que Rawls la conception libérale-égalitaire de la justice, et c'est à de telles modulations qu'est consacré le présent chapitre. Nous partirons de trois points vulnérables, ou en tout cas délicats, de la théorie de la justice de Rawls, trois points sur lesquels d'autres auteurs ont éprouvé une insatisfaction suffisamment nette (parfois partagée, du reste, par Rawls lui-même) pour être motivés à formuler des théories alternatives. Chacune de ces théories s'inscrit, certes, dans la même perspective générale, dans le même effort de concilier liberté et égalité, mais n'en diverge pas moins significativement de ce que Rawls lui-même soutient.

1. Justice et travail

Faut-il subventionner les surfers de Malibu ?

Le principe de différence de Rawls n'est-il pas excessivement généreux à l'égard des paresseux, ou du moins des personnes ne fournissant pas de travail productif ? C'est en tout cas ce qu'ont soutenu un certain nombre d'auteurs, à commencer par l'économiste Richard Musgrave [1974], qui reprochait à Rawls d'être biaisé en faveur des moines et à l'encontre des consultants. Le principe de différence semble en effet enjoindre de maximiser, dans le chef des plus défavorisés, le niveau de richesse et de revenus, la jouissance de pouvoirs et de prérogatives et l'accès aux bases sociales du respect de soi, indépendamment de toute contribution productive. Certes, Rawls présente l'ensemble de sa théorie de la justice comme une tentative de définir une répartition équitable des fardeaux et des avantages de la *coopération* sociale. En outre, il affirme fermement que le principe de différence exprime une conception de la réciprocité ou de l'avantage mutuel. Il précise cependant son idée [Rawls, 1971, p. 102-103] en disant simplement que personne, riche ou pauvre, ne peut avoir une vie satisfaisante sans un dispositif de coopération sociale, et qu'une coopération volontaire ne peut être attendue de chacun que si les termes en sont raisonnables, en l'occurrence si les inégalités profitent à tous au sens spécifié par le principe de différence. Or ce principe ne stipule aucune forme de proportionnalité entre contribution et avantages socio-économiques, pas même une condition de contribution minimale à la production au sens le plus large.

Rawls lui-même s'est inquiété de la possibilité que son principe de différence puisse être utilisé pour justifier des subventions publiques aux surfers qui passent leurs journées sur les plages de Malibu. Mais il n'éprouve guère de sympathie pour la solution proposée comme idéale, quoique pratiquement irréalisable, par Musgrave et d'autres économistes, à savoir un système de taxes et de subventions forfaitaires qui, sur la base d'une identification des talents de tous les citoyens, taxerait les plus talentueux et subventionnerait les moins talentueux de manière à égaliser le niveau de bien-être atteignable par chacun. Rawls [1974, 1990] conteste que la notion de « talent » au sens requis ici ait un sens, et il s'oppose en outre, au nom de la priorité du principe d'égale liberté, à une imposition forfaitaire des talents qui reviendrait à un « esclavage des talentueux » : les personnes très productives seraient forcées de s'orienter vers les activités où elles excellent, de manière à pouvoir y obtenir un revenu brut nécessaire pour payer la taxe très élevée grevant leurs talents, même si les activités en question leur déplaisent profondément.

Le loisir comme bien premier

Pour répondre à l'objection de Musgrave, Rawls a dès lors préféré modifier de façon substantielle le principe de différence, en incluant le loisir parmi les avantages socio-économiques dont il définit la répartition juste [Rawls, 1993a]]. Le loisir dont jouissent ceux qui passent leurs journées à ne rien faire serait alors considéré comme équivalent au revenu des travailleurs à plein temps les plus mal payés. Il en découlerait que les surfeurs de Malibu n'auraient droit à rien du tout. Et pour maximiser l'indice de biens premiers le plus bas, des subventions au salaire horaire du type de celles proposées par Edmund Phelps [1997] seraient bien plus appropriées qu'un revenu garanti du type de l'impôt négatif défendu, par exemple, par James Tobin [1966], Lionel Stoleru [1974] ou Roger Godino [1999] et suggéré par Rawls [1967, 1971] lui-même dès ses premières discussions du principe de différence.

Cette proposition de modification du principe de différence soulève des difficultés conceptuelles non négligeables. Tout d'abord, il n'est manifestement pas très satisfaisant de considérer que c'est l'existence d'une rémunération qui constitue le critère permettant de distinguer entre le loisir, d'un côté, et la contribution à la coopération sociale (qui donne droit à une part des avantages), de l'autre. De multiples activités non rémunérées, et dont il est sans doute important qu'elles le restent (élever ses enfants, offrir des services bénévoles dans le voisinage), constituent des contributions autrement plus cruciales à la coopération sociale que certaines activités rémunérées. Dès lors, où placer la ligne de démarcation ?

En outre, à supposer qu'on ait pu tracer une frontière nette entre loisir et travail, pourquoi tenir compte uniquement, comme dans la suggestion de Rawls et dans l'opérationnalisation de Phelps, de la durée du travail et non de son *intensité* ? Il y a la *dolce vita* sur la plage, bien sûr, mais il y a aussi ceux qui se la coulent douce au boulot... À la limite, le simple acte de présence (faiblement rémunéré par le marché, et tombant donc dans la catégorie des bas salaires) donnerait droit à la pleine subvention publique réservée par Rawls aux plus défavorisés. Conceptuellement, même si cela risque d'être difficile en pratique, on pourrait envisager des subventions différenciées et s'étendant à des activités non rémunérés par le marché. Mais quel devrait en être le critère de différenciation ? L'effort consenti ? Le degré d'utilité sociale ? Les deux ?

La réponse suggérée par Rawls à l'objection de Musgrave est cependant trop hâtive. Elle suppose en effet, comme l'objection elle-même, que le principe de différence, dans sa formulation initiale, requiert la maximisation du niveau le plus bas de revenu (et des autres avantages socio-économiques, étroitement corrélés avec lui). Mais nous avons vu dans le chapitre précédent qu'il requiert autre chose, à savoir la maximisation du niveau moyen de revenu et d'autres avantages (n'incluant pas le loisir) auquel peuvent s'attendre au fil de leur existence les personnes qui occupent la pire position sociale, celle de travailleurs sans qualification, à laquelle correspondent les espérances les plus faibles. Si tel est bien le critère, il y a une très forte présomption à l'encontre d'un revenu garanti indépendamment du travail et en faveur de dispositifs (du type des subventions à l'emploi de Phelps) qui améliorent les espérances des travailleurs les moins qualifiés sans diminuer — en augmentant même — leur incitation à travailler. Musgrave et Rawls n'avaient donc pas de souci à se faire : dans les termes de la formulation *initiale* du principe de différence, les surfers de Malibu n'avaient droit à rien.

Admettons cependant que Rawls ait raison de ne pas compter pour rien, dans les espérances des non-qualifiés, le loisir dont ils sont susceptibles de jouir. Dans ce cas, il en va très différemment. En effet, si des subventions à l'emploi permettent de faire mieux dans la dimension « revenu », un revenu garanti permet de faire mieux dans la dimension « loisir ». L'effet net sur l'indice agrégé de biens premiers dépendra dès lors du détail des pondérations accordées à ces deux dimensions, ainsi que de l'impact des deux types de dispositifs sur les autres avantages socio-écononomiques. Du point de vue des bases sociales du respect de soi, par exemple, le choix en faveur de la subvention de l'emploi ou en faveur du revenu garanti est sans doute moins important que le choix en faveur d'une variante plus générale, et moins stigmatisante, de l'un ou de l'autre [Van Parijs, 2002a].

Le maximin des dons

À la lumière de cette discussion de la relation entre justice rawlsienne et travail, certains trouveront peut-être trop floue la liste des avantages socio-économiques, trop incertaine leur métrique, et trop alambiqué le détour par les espérances associées aux diverses positions sociales. Tout en continuant de s'inscrire dans une perspective libérale-égalitaire, une approche alternative plus simple part de l'intuition selon laquelle la justice dans l'accès à des biens ou à des opportunités exige que l'on répartisse d'une manière égale, ou éventuellement selon le principe du maximin, *tout ce qui nous est donné*. Cela inclut les biens que nous obtenons par héritage ou par donation, *tout au long* de notre existence et pas seulement « au départ ». Pour être égalisés, ces biens doivent être évalués de manière que leur valeur reflète leur coût d'opportunité pour les autres, c'est-à-dire la perte globale qui résulte, pour ceux qui ne les ont pas reçus, du fait d'en être privés. Une telle évaluation correspond aux prix d'équilibre d'un marché concurrentiel, moyennant une distribution appropriée des dotations (voir Dworkin [1981, 2000]). La justice exige alors que chacun de nous reçoive un ensemble de ressources de même valeur, ou qu'en tout cas la valeur de la dotation du moins bien doté soit aussi élevée que possible.

L'essentiel des dons dont nous bénéficions très inégalement est cependant d'un autre ordre : il s'agit des *rentes associées aux emplois* que nous occupons. Que nous occupions nos emplois en raison de talents que nous possédons, de l'éducation que nous avons reçue, de parents ou d'amis qui nous ont informés ou appuyés, de la citoyenneté dont nous jouissons, de la génération à laquelle nous appartenons ou de la localité où nous habitons, ces emplois constituent un privilège. La valeur de ce privilège correspond à l'écart entre la rémunération effective d'un emploi et sa rémunération concurrentielle moyennant une distribution appropriée des dotations. Il n'est pas facile d'estimer cette rente, et encore moins de l'égaliser. Mais si le critère adopté est le maximin, il suffit d'imposer l'ensemble des revenus du travail au niveau de recettes le plus élevé qui soit soutenable, en veillant à le faire à des taux prévisibles par les travailleurs afin d'éviter que certains d'entre eux ne se retrouvent grevés d'un impôt excédant leur rente, et en répartissant ensuite cette recette également entre tous, travailleurs ou non, sous la forme d'un revenu versé régulièrement, en espèces ou, si des raisons spécifiques le justifient, en nature [Van Parijs, 1995a].

Dans cette autre version de l'égalitarisme libéral, les surfers de Malibu se verraient attribuer un revenu modeste d'une manière plus certaine que dans la version rawlsienne. Bien entendu, ce revenu serait d'autant plus inférieur au revenu moyen que des incitants financiers seraient nécessaires pour maintenir au niveau le plus élevé possible le revenu inconditionnellement garanti à tous. En outre, dans une société abstraite où chacun travaillerait « à partir de rien », sans avoir recours à aucun don sous forme de matières premières, de technologie héritée ou d'emplois, les surfers ne pourraient jouir d'aucune ponction sur les revenus des travailleurs. Mais dans nos économies réelles, dont le fonctionnement est caractérisé par l'ubiquité des dons, la ponction maximale que l'on puisse envisager sur les emplois, ainsi que les autres possibilités offertes par le marché ne redistribuent encore qu'une fraction des rentes très inégalement réparties. Il n'y aurait donc ici aucun biais illibéral en faveur du moine à l'encontre du consultant, mais seulement une asymétrie, qui résulte d'une nécessité pragmatique : seul le revenu peut être ponctionné, pas le loisir, en vue d'augmenter autant que possible les possibilités de choix, dans la sphère du loisir *et* du travail, de ceux qui en ont le moins. (Voir Krebs [2000], Van Parijs *et al.* [2001] et Reeve et Williams [2003] pour des discussions critiques.)

2. Justice et handicap

La justice exige-t-elle des institutions sociales qu'elles allouent à une personne handicapée, ou moins talentueuse que la plupart, des ressources permettant de corriger, fût-ce partiellement, ce désavantage ? La réponse apportée par la version rawlsienne de l'égalitarisme libéral contient plusieurs composantes. En premier lieu, le principe d'égalité équitable des chances diffère de ce que Rawls [1971] nomme le « principe de redressement » : il ne s'agit pas de donner à tous les mêmes chances d'accès aux positions sociales valorisées, quels que soient leurs talents, mais seulement d'égaliser les chances à talents donnés. En revanche, si aux yeux de Rawls les inégalités de biens premiers naturels — talents et santé — ne peuvent pas être qualifiées de justes ou d'injustes, cela n'empêche nullement que les *conséquences sociales* associées à ces inégalités puissent être affaire de justice. Le principe de différence vise précisément à assurer que l'activité des plus talentueux puisse aussi profiter aux moins talentueux, puisqu'il revient à exiger que les espérances associées à une position sociale accessible même aux moins talentueux soient maximisées. Il n'y a donc pas d'identification et de compensation des déficits de bien premiers naturels, mais il y a une maximisation des niveaux de biens premiers sociaux accessibles aux personnes dont la dotation en biens premiers naturels est faible.

Notons cependant que si ce dispositif peut être compris comme un moyen de s'attaquer aux inégalités de talents de nature productive, en revanche il ne fait rien pour corriger les inégalités de biens premiers naturels qui n'affecteraient pas, ou pas uniquement, les qualifications. Si, par exemple, une personne moins valide doit dépenser la moitié de ses ressources à la seule fin de pouvoir se déplacer dans une chaise roulante, la théorie de Rawls ne justifie aucune compensation spécifique en sa faveur. En outre, l'ensemble de l'approche proposée par Rawls est soumise à une restriction explicite : elle est conçue comme concernant un ensemble de citoyens qui participent pleinement et activement à la vie sociale et fait dès lors abstraction des handicapés mentaux et d'autres « personnes distantes de nous dont le sort suscite l'anxiété ou la pitié » [Rawls, 1975, p. 259].

L'égalité des chances de bien-être

N'y a-t-il pas moyen, toujours dans une optique libérale-égalitaire, de se préoccuper plus directement et plus généralement de la présence de handicaps et de l'inégalité de talents ? Plusieurs auteurs s'y sont employés. Ainsi, le philosophe américain Richard Arneson [1989, 1998] défend une conception de la justice comme « égalité des chances de bien-être ». Cette conception possède un point commun avec l'utilitarisme : elle recourt à l'utilité, à la satisfaction des préférences, comme métrique de la justice. Elle diffère en revanche de la perspective utilitariste, et se rapproche de Rawls, sur deux points cruciaux. D'une part, l'approche d'Arneson exige la distribution égalitaire, ou éventuellement « maximinante », des niveaux d'utilité, plutôt que la maximisation de leur agrégat. D'autre part, elle se focalise sur le *potentiel* de bien-être accessible à chacun, plutôt que sur le bien-être effectivement atteint.

Puisqu'on peut supposer qu'un handicap a tendance à faire tomber le potentiel de bien-être d'une personne en dessous de la moyenne, il est clair que le principe d'Arneson devrait se révéler globalement plus généreux à l'égard de personnes handicapées que ne le sont les principes de Rawls. Néanmoins, le fait de recourir à une métrique de bien-être (fût-il potentiel) expose inévitablement Arneson à deux difficultés auxquelles

Rawls échappe. Tout d'abord, comme les utilitaristes, il doit supposer qu'il y a un sens (épistémique et éthique) à comparer les niveaux de bien-être de différentes personnes. Ensuite, le principe d'Arneson implique qu'une personne dont le potentiel de bien-être est plus élevé en raison de préférences plus accommodantes ou plus modestes se voit pénalisée, injustement peut-être, par rapport à celles dont les goûts sont plus dispendieux. À égalité de ressources matérielles, celui qui n'est heureux qu'en buvant deux bouteilles de Dom Pérignon par jour a un potentiel de bien-être inférieur à celui qui se contente volontiers d'eau claire.

La justice comme égalité des capacités fondamentales

L'économiste indien Amartya Sen [1985, 1992] s'attaque au même problème de la compensation des handicaps, mais en rejetant résolument (comme Rawls) le welfarisme, c'est-à-dire l'approche fondée sur la notion d'utilité ou de degré de satisfaction des préférences. L'approche rawlsienne de la justice lui semble cependant se focaliser indûment sur les *biens* (premiers sociaux) et négliger la capacité très inégale de transformer ces biens en *fonctionnements* (nutrition adéquate, santé, mobilité, etc.). Ainsi, une personne souffrant d'une maladie digestive tirera moins de vertus nutritives d'une quantité donnée d'aliments, comparée à une personne saine. Chaque fonctionnement au sens de Sen désigne l'une des dimensions de ce qui peut importer dans la vie d'une personne, par exemple l'absence de maladie, le logement, la participation économique et sociale, etc. Sur cette base, on détermine, pour chaque personne, son « ensemble de capacités » (*capability set*), constitué de la liste des degrés auxquels la personne est capable de réaliser les divers fonctionnements.

Il serait évidemment absurde de définir la justice comme l'égalisation de *toutes* les capacités, y compris celle de tourner sa langue dans sa bouche cent fois par minute, ou celle de danser le tango comme Gardel. Sen soutient seulement que la justice implique, à tout le moins, que tous disposent d'un certain nombre de capacités fondamentales — celle de se nourrir suffisamment, de se mouvoir, de fonder une famille dans des conditions matérielles et émotionnelles acceptables, etc. — selon des modalités et grâce à des moyens qui peuvent varier considérablement d'un contexte socioculturel à un autre.

Amartya Sen,
le Nobel des pauvres

Après des études à Delhi et Cambridge, Amartya Sen (né en 1933) enseigne à la London School of Economics, à Oxford et à Harvard avant de revenir à Cambridge comme président de Trinity College et d'obtenir le prix Nobel d'économie (1998). Penseur multidimensionnel, auteur prolifique et orateur efficace, il a réfléchi sur d'innombrables questions. Outre quelques incursions dans la théorie du capital et de la croissance, ses premiers écrits s'inscrivent dans le sillage de la théorie du choix social dont le premier jalon avait été placé au début des années cinquante par le célèbre théorème d'Arrow, et que Sen constitue en véritable discipline en publiant le premier manuel dans le domaine (*Collective Choice and Social Welfare*, 1970). Ultérieurement, il s'intéresse particulièrement aux thèmes de l'inégalité économique et des famines, dans leurs dimensions méthodologique, empirique, mais aussi éthique (*On Economic Inequality*, 1973 ; *Poverty and Famines*, 1981 ; *Hunger and Public Action*, 1989, avec Jean Drèze). Il est ainsi amené à élaborer à partir du début des années quatre-vingt, certes d'une manière moins précise et moins systématique que son ami et collègue de Harvard John Rawls, une conception à la fois égalitaire et libérale de la justice, qui donne un rôle clé à la notion de capacité ou de liberté positive (*Commodities and Capabilities*, 1985 ; *Éthique et économie*, 1987 ; *Repenser l'inégalité*, 1992 ; *Development as Freedom*, 1999).

Comme celle d'Arneson, l'approche de Sen a toutes les chances d'impliquer que des ressources seront utilisées spécifiquement pour améliorer la situation de personnes handicapées (que ce soit par des transferts monétaires ou par des investissements publics), cette fois en vue d'assurer à ces personnes les capacités jugées fondamentales. Cependant, si l'on évite bien ainsi de devoir recourir à la métrique contestable de l'utilité, n'est-on pas amené, pour cerner celles qui, parmi toutes les capacités imaginables, sont *fondamentales*, à faire appel à une théorie des « besoins essentiels de l'être humain » ? La capacité d'engendrer, par exemple, est-elle une capacité fondamentale ? Et quelles sont exactement les caractéristiques que doit posséder un logement décent ? Le défi de Sen consiste à répondre à de telles questions sans pour autant s'appuyer sur une conception particulière de la vie bonne.

La diversité non dominée

Pour résoudre ce problème, le principe de *diversité non dominée*, suggéré par le juriste et philosophe américain Bruce

Ackerman [1980] dans le contexte d'une discussion de l'ingénierie génétique « juste », peut être transformé en un principe général de justice distributive [Van Parijs, 1995a, chapitre 3]. Ce principe permet de justifier des transferts aux personnes handicapées sans pour autant invoquer ni des niveaux de bien-être (supposés mesurables) ni des capacités (jugées) fondamentales.

Pour formuler ce principe, définissons la *dotation globale* de chaque personne comme regroupant deux ensembles : l'ensemble des ressources externes auxquelles elle peut prétendre (sa richesse, en un sens très large) et l'ensemble des capacités internes dont elle est dotée (ses talents, en un sens très large également). La condition de diversité non dominée est satisfaite si, pour n'importe quelle paire d'individus appartenant à la société considérée, les membres de cette société ne sont pas unanimes à préférer la dotation globale de l'un de ces deux individus à celle de l'autre ou, en d'autres termes, s'il y a toujours au moins un membre de la société qui préfère la situation d'un des individus à celle de l'autre individu. Ce critère requiert donc le transfert de ressources externes de la personne A vers la personne B aussi longtemps qu'il n'y a pas au moins une personne qui préfère la dotation globale de B à celle de A.

C'est à ce critère que conduit le critère d'Arneson dès le moment où l'on décrète, pour des raisons de faisabilité ou de principe, l'incomparabilité interpersonnelle des niveaux de bien-être. C'est également à lui que conduit l'approche de Sen si l'on choisit de définir les besoins fondamentaux en référence à une forme de consensus social, et si l'on garde à l'esprit que les transferts que le critère justifie ne doivent pas nécessairement prendre la forme d'indemnités mais peuvent souvent prendre, de manière plus opportune, la forme de services collectifs ou d'infrastructures adaptées. À moins de ne constituer qu'une composante d'une conception plus ample de la justice distributive (comme c'est le cas dans Van Parijs [1995a]), la diversité non dominée peut cependant être jugée bien trop peu exigeante, puisque à son aune il suffit, pour qu'un transfert de A vers B cesse d'être justifié, qu'une seule personne préfère la dotation globale de B à celle de A.

L'égalité des ressources

Un critère plus exigeant est celui dit d'« égalité des ressources », proposé par le philosophe et juriste américain

Ronald Dworkin [1981, 2000]. Pour le formuler, Dworkin recourt à un dispositif d'assurance derrière un voile d'ignorance. Celui-ci est toutefois moins épais que celui qui caractérise la position originelle de Rawls, puisque Dworkin ne contraint pas les individus à faire abstraction de leurs conceptions de la vie bonne.

Prenons d'abord le cas d'un handicap « ordinaire », c'est-à-dire d'un trait affectant négativement l'aptitude à réaliser une grande diversité de conceptions de la vie bonne. Dans la procédure de Dworkin, chacun est supposé se poser la question suivante : « Pour quel montant d'indemnité aurais-je été prêt à m'assurer — sachant que plus ce montant est élevé, plus la prime à payer sera élevée — au cas où je ne n'aurais pas su si je possédais ou non le handicap en question ? » La juste compensation pour un tel handicap ordinaire et, par conséquent, la juste taxation de ceux qui n'en souffrent pas sont déterminées par le résultat de cette procédure. Même si, dans la pratique et pour des raisons de faisabilité informationnelle, on devrait se contenter d'une approximation uniforme, les indemnités justes pourraient varier d'une personne à l'autre pour un même handicap. Elles ont en tout cas beaucoup de chances d'être, en général, sensiblement plus élevées que celles que prescrit la diversité non dominée, puisque la préférence d'un seul individu ne suffit plus pour rendre superflus les transferts (qu'ils aient lieu en espèces ou en nature) au profit de telle ou telle personne handicapée.

Qu'en est-il d'inégalités de talents qui ne correspondent pas à des « handicaps ordinaires », par exemple des inégalités dans la virtuosité au piano ? Ici, Dworkin estime que la relation causale entre talents et conceptions de la vie bonne est trop forte pour que l'exercice mental décrit plus haut ait un sens. Si quelqu'un aime jouer du piano, c'est en général parce qu'il en joue bien. Il est par conséquent difficile de lui demander d'imaginer qu'il ne sait pas s'il joue bien tout en sachant qu'il aime jouer. Dans ce cas, Dworkin propose un exercice différent : supposons que chacun d'entre nous connaisse à la fois ses talents et sa conception de la vie bonne, mais qu'il ignore la rentabilité économique des divers talents ; pour ces talents spécialisés, le dispositif d'assurance sous voile d'ignorance se limite alors à se protéger contre un potentiel de revenu insuffisant.

Pour l'approche de Dworkin comme pour les autres, la question importante n'est bien entendu pas de savoir si elle est littéralement applicable à des sociétés réelles, mais de savoir si les indications qu'elle nous donne sont cohérentes, si elles ne heurtent pas nos jugements moraux bien pesés, et si elles sont dès lors susceptibles de nous guider lorsqu'il s'agit d'évaluer la légitimité de certaines revendications et de décider quelle part des ressources de la société il est juste que nous consacrions à améliorer la situation de personnes moins valides ou moins talentueuse.

3. Justice et nation

Outre les questions du sort à réserver d'une part aux personnes amoureuses du loisir, d'autre part aux personnes dotées de faibles capacités, la troisième grande question sur laquelle les diverses variantes de l'égalitarisme libéral se divisent est celle du sort à réserver aux étrangers. Plus précisément, en quoi consiste exactement la « société » dont il a été question tout au long des pages précédentes ? Quels sont les contours de la population à laquelle la théorie de la justice est supposée s'appliquer ? À l'exception d'un bref traitement de la thématique de la guerre juste, la *Théorie de la justice* de Rawls considère le cas d'une société essentiellement fermée, sans jamais se préoccuper de la manière d'identifier les sociétés, de tracer leurs frontières, encore moins de définir la justice par-delà ces frontières. C'est à cet ensemble de questions qu'il s'attaque dans son troisième livre, *The Law of Peoples* [Rawls, 1999], version développée d'une conférence faite à Oxford à l'invitation d'Amnesty International [Rawls, 1993b].

Une position originelle pour les peuples ?

La justice globale, ou justice entre peuples, n'y est pas du tout présentée comme la simple extension à l'échelle planétaire des principes s'appliquant à chaque État-nation. La position originelle qui permet de la préciser et de la justifier ne consiste pas non plus simplement à « épaissir le voile d'ignorance » en exigeant que chaque citoyen feigne d'ignorer non seulement s'il est riche ou pauvre, talentueux ou handicapé, etc., mais aussi s'il est turc ou kurde, congolais ou suédois. L'impartialité qui doit guider l'élaboration d'une conception de la justice *globale* doit bien plutôt consister, selon Rawls, à traiter avec un égal respect les conceptions de la société juste que chacun des *peuples* s'efforce de réaliser, tout comme l'impartialité pertinente pour la justice *sociale* exige un égal respect à l'égard des conceptions de la vie bonne dont chaque *individu* poursuit la réalisation. La position originelle globale doit dès lors être conçue comme rassemblant non pas les représentants des différentes catégories de l'espèce humaine soucieux d'assurer au mieux les conditions de réalisation de leur conception de la vie bonne, mais les représentants des divers peuples soucieux de réaliser au mieux leur conception de la société juste. L'hypothèse est que ces représentants ignorent le contenu particulier de leur conception, ainsi que la taille, la richesse, la localisation géographique et toutes les autres caractéristiques particulières de leur peuple.

Dans cette perspective, la justice entre peuples implique, par exemple, un devoir de non-agression ou l'obligation de respecter les pactes conclus. Elle impose aussi certaines contraintes quant à la manière dont chaque peuple peut traiter ses membres — mais pas au point d'exiger de chacun de ces peuples qu'il instaure une conception libérale de la justice : un peuple peut légitimement fonder l'orientation de ses institutions sur une conception particulière (islamique, par exemple) de la vie bonne.

En matière de distribution des richesses, la justice entre peuples se contente d'imposer à chaque peuple suffisamment prospère « un devoir d'assister les autres peuples vivant dans des conditions défavorables qui les empêchent de jouir d'un régime politique et social juste ou décent ». Plus concrètement, elle exige que l'on inclue dans le droit international « des dispositions requérant l'assistance mutuelle des peuples en cas de famine et de sécheresse, et, dans la mesure du possible, assurant la couverture des besoins fondamentaux des gens dans toutes les sociétés libérales raisonnablement développées » [Rawls, 1999, p. 19-20].

En regard de la situation mondiale actuelle, ce n'est pas rien, mais c'est tout de même beaucoup moins que ce qu'exigerait un principe de différence global, un principe qui voudrait que l'on améliore autant que possible les espérances des plus démunis de la planète. Si, par exemple, la culture d'un peuple le conduit à travailler peu et à consommer tout ce qu'il produit, tandis que la culture d'un autre le conduit à investir et à croître, la justice globale n'implique en rien que les écarts substantiels de richesses qui apparaîtront au fil des générations soient constamment rabotés par une institution supranationale chargée de maximiser le niveau économique du peuple le moins prospère.

Un principe de différence global

Pareil dualisme peut aisément convenir dans un monde de sociétés essentiellement stables et closes, sans interdépendance, sans mobilité réelle et potentielle entre elles, sans information ni, par conséquent, d'ambition dans le chef de leurs membres respectifs quant aux possibilités qui s'offrent ailleurs. Il n'en va peut-être pas de même dans des conditions, qui sont de plus en plus les nôtres, où les hommes et les femmes de toutes les régions du monde partagent et sont conscients de partager, directement ou indirectement, un même environnement naturel fini, partagent et savent qu'ils partagent les mêmes bassins migratoires, vendent leur travail et achètent leurs biens et services sur des marchés qu'ils savent, sinon communs, du moins fortement interconnectés. Même quand cette interdépendance et cette mobilité sont entravées par des barrières administratives ou par d'autres obstacles prohibitifs (par exemple d'ordre linguistique), le seul fait que les personnes concernées soient *informées* de ce dont elles sont ainsi privées exige que l'on *justifie* qu'elles soient exclues de certains avantages dont d'autres profitent.

Anticipant pour partie sur les dynamiques socio-économiques en cours, ce serait dès lors tout de même une position originelle *globale*, dans laquelle tous les membres de l'espèce humaine se trouvent cette fois représentés en tant qu'individus, qui fournirait le cadre mental approprié pour préciser ce que requiert la justice. Par suite, si c'est à un principe de différence national qu'on avait abouti dans le cadre d'une société supposée close, il y a tout lieu de s'attendre à ce qu'on aboutisse à un principe de différence global lorsque c'est l'humanité entière qui est prise pour cadre. Il n'est dès lors guère étonnant que, contrairement à Rawls lui-même, bon nombre d'autres représentants de l'approche libérale-égalitaire [Beitz, 1979 ; Pogge, 1994 ; Van Parijs, 1995b ; Chauvier 1999] aient naturellement opté, pour penser la justice distributive à l'échelle planétaire, pour un principe de justice distributive globale bien plus proche de ce que Rawls présente dans sa *Théorie de la justice* que de ce que lui-même juge approprié à ce niveau.

DEUXIÈME PARTIE :
DEUX PROBLÉMATIQUES
EN GUISE D'EXEMPLES

Pour inspirer et nourrir une pratique pédagogique centrée sur la discussion de questions pratiques (voir encadré), nous allons proposer dans cette seconde partie la mise en application des principes étudiés jusqu'ici dans deux domaines particuliers de la vie sociale : les soins de santé et l'immigration. Bien entendu, nous ne prétendons nullement « boucler » le processus réflexif en disant au lecteur laquelle des argumentations nous semble la plus acceptable ; notre objectif est plutôt de montrer comment chacun des cadres théoriques peut guider la formulation d'une réponse cohérente, qu'il est alors possible de confronter, face à la problématique particulière choisie, à nos jugements moraux bien pesés. De multiples raffinements peuvent être apportés à chacune des approches en réaction aux objections que nous évoquerons, mais aussi à bien d'autres que nous n'aurons pas l'occasion de mentionner. C'est d'ailleurs là le signe de la fécondité de la méthode préconisée : si l'équilibre réfléchi n'est jamais définitif, il se stabilise cependant au fur et à mesure que les principales difficultés sont mûrement analysées et soit intégrées, soit écartées.

Scénario
pour une pratique pédagogique

Pour s'initier à la démarche éthique comme recherche d'un équilibre réfléchi, et pour comprendre en profondeur les divers principes et théories, il n'y a pas de méthode plus féconde que la discussion de questions pratiques. Notre propre expérience d'enseignants en éthique économique et sociale nous a, en particulier, convaincus de la grande efficacité didactique de la formule suivante.

L'auditoire est divisé en un certain nombre d'équipes, quatre au moins. Dans un *premier temps*, on assigne à chacune de ces équipes, par tirage au sort, l'une des diverses théories. On pose à toutes les équipes une seule et même question, aussi précise que possible, telle que : Faut-il légaliser l'euthanasie ? Supprimer la retraite obligatoire ? Nationaliser les banques ? Instaurer un salaire de parent au foyer ? On demande à chaque équipe d'y répondre, non à partir des positions personnelles de ses membres ou de leurs « opinions », mais sur la base de l'interprétation la plus plausible l'approche (utilitariste, libertarienne, marxiste ou libérale-égalitaire) que le sort leur assigne. Une fois sa réponse mise au point par un travail d'anticipation des objections possibles, chaque équipe présente son argumentation au reste de l'auditoire, qui a pour mission de contester que la réponse apportée à la question découle bien des principes éthiques auxquels l'équipe est supposée adhérer.

Dans un *deuxième temps*, les mêmes équipes se voient attribuer par tirage au sort une réponse tranchée (« oui » ou « non ») à la question posée, avec cette fois pour tâche de doter cette réponse de la justification la plus forte qu'elle puisse trouver, en veillant tant à la solidité des prémisses éthiques (en général, l'une ou l'autre variante ou combinaison des quatre approches) qu'à celle des prémisses factuelles supplémentaires requises pour en dériver la réponse. Et l'auditoire dans son ensemble a de nouveau pour tâche de contester la cohérence et la validité de l'argumentation.

Le jeu de rôles ainsi construit est souvent fort amusant. Il est aussi très formateur, surtout s'il est nourri par un travail d'équipe sérieux et s'il bénéficie, à l'occasion de la présentation à l'auditoire plus large, d'un *feedback* attentif de l'enseignant soucieux de traquer confusions, amalgames et inférences fallacieuses. Derrière les fausses apparences d'un exercice sophistique ou d'une « plaidoirie », l'exercice fait comprendre aux étudiants *in concreto* qu'on ne peut bien défendre une position que si l'on a été capable de jauger toute la force des objections les plus puissantes qui peuvent lui être faites. Il les prépare en outre à un exercice individuel d'examen qui, dans un *troisième temps*, ne leur impose plus ni les prémisses ni la conclusion, mais leur demande simplement de fournir leur propre réponse à la question initiale, éthiquement explicite, dûment argumentée, et montrant qu'ils sont bien conscients des objections de tous ordres qui peuvent lui être faites.

Il est prévu que d'autres illustrations de cette pratique seront disponibles sur le site web de la chaire Hoover d'éthique économique et sociale de l'université catholique de Louvain :

http://www.etes.ucl.ac.be/

VI / Les soins de santé peuvent-ils être laissés au libre jeu du marché ?

Les soins de santé absorbent une part croissante du revenu national. La question de savoir quels soins doivent être prodigués, à qui, par qui et aux frais de qui est une question qui possède à la fois des dimensions médicales et économiques, mais c'est en dernière instance une interrogation éthique. Seule l'adoption de principes éthiques peut nous permettre d'identifier avec précision les questions médicales et économiques pertinentes. Des principes éthiques sont du reste constamment invoqués pour justifier les décisions prises, de la décision politique d'augmenter ou de réduire les subventions publiques à la recherche contre le sida ou le ticket modérateur sur les médicaments génériques jusqu'à la décision individuelle de débrancher les machines maintenant un comateux en vie ou d'attribuer un organe à tel patient en attente de greffe plutôt qu'à tel autre. Certains des principes communément invoqués en pareille circonstance (« la santé n'a pas de prix », « la vie est sacrée ») ne résistent manifestement pas, s'ils sont pris au sérieux, à l'épreuve de l'équilibre réfléchi, tant les implications qui en découlent, dans des circonstances réelles ou hypothétiques, se heurtent à nos jugements bien pesés. Qu'en est-il des théories moins sommaires présentées dans la première partie de ce livre ?

1. L'utilitarisme : de la présomption pour le marché au calcul des QALYs

Une présomption pour le marché

L'objectif des utilitaristes est de maximiser le bien-être agrégé entendu, mettons, comme le bien-être moyen de la population concernée. Pour atteindre l'optimum ainsi défini dans le domaine des soins de santé, il est tentant de faire appel aux vertus allocatives du marché parfaitement concurrentiel, qui élimine les gaspillages en exploitant systématiquement les avantages mutuels des offreurs et demandeurs de soins, les offreurs comparant le prix de fourniture des soins (en temps, en équipement, en formation, etc.) aux prix qu'ils peuvent en obtenir, et les demandeurs comparant le bénéfice qu'ils peuvent attendre de ces soins (en termes d'allongement de leur existence, d'amélioration de leur santé, de réduction de leur inconfort, etc.) au prix qu'ils auront à payer. Un marché qui fonctionne bien va avoir systématiquement tendance à nous acheminer vers une situation optimale au sens de Pareto, c'est-à-dire une situation où le bien-être de personne ne peut être amélioré sans détériorer le bien-être de quelqu'un d'autre.

Bien entendu, une situation sociale optimale au sens de Pareto n'est pas nécessairement optimale d'un point de vue utilitariste. Elle ne le sera que si les dotations permettant aux individus d'effectuer des transactions sur le marché sont réparties de manière appropriée. Mais il n'y a nul besoin, pour cela, que l'État intervienne dans l'allocation des soins de santé. Il suffit qu'il façonne la distribution des revenus, en tenant notamment compte de leur utilité marginale individuellement décroissante, puis qu'il laisse chacun allouer son revenu, selon ses propres préférences, aux différents biens de consommation — y compris les différents types de soins de santé.

Cependant, la consommation de soins de santé est essentiellement une consommation induite par des circonstances non voulues (accident ou maladie) réparties de manière très inégale et imprévisible entre les personnes et au cours du temps. Sur la toile de fond d'une répartition optimale des revenus *ex ante*, il sera dans l'intérêt de chacun de se prémunir, à des degrés qui peuvent différer considérablement en fonction de son aversion au risque, contre les aléas de santé. Grâce à l'assurance, le prix effectif payé par le patient pour les soins qu'il consomme pourra ainsi se situer significativement en dessous du prix perçu par le prestataire de soins. La forme du marché que l'utilitarisme avalisera deviendra dès lors plus subtile, mais la présomption de base en faveur du laisser-faire n'en sera nullement affectée.

Les bienfaits de l'assurance obligatoire

Il y a cependant un certain nombre de considérations qui, si elles se révèlent empiriquement significatives, peuvent conduire les utilitaristes à abandonner, ou à tout le moins limiter, cette présomption pour justifier, au contraire, une intervention vigoureuse de l'État imposant à tous une assurance santé obligatoire. En premier lieu, le manque d'information, la myopie, ou une attention insuffisante aux intérêts de ceux dont nous avons la charge peuvent conduire certaines personnes à ne pas contracter une assurance qui augmenterait pourtant, même *ex ante*, le bien-être des familles concernées. Pour empêcher ce gaspillage de bien-être, les utilitaristes doivent se réserver la possibilité d'être paternalistes en imposant à tous un niveau minimal d'assurance, qui peut du reste prendre des formes institutionnelles très diverses.

En deuxième lieu, certains risques peuvent être couverts à un coût que chacun de nous considère comme valant la peine d'être payé si l'assurance est obligatoire pour tout le monde, alors qu'ils ne peuvent plus l'être si l'assurance est facultative. L'assurance facultative, en effet, est vulnérable au phénomène dit « de sélection adverse », c'est-à-dire de l'attrait sélectif des « mauvais risques », qui peut forcer des assureurs rationnels à fixer la prime à un niveau tellement élevé qu'elle ne vaut plus la peine d'être payée pour quiconque.

En troisième lieu, le recours à des soins médicaux (par exemple la vaccination ou le traitement d'une maladie contagieuse) peut produire des externalités positives importantes, c'est-à-dire des avantages importants pour des personnes autres que le bénéficiaire immédiat des soins. Si l'assurance est facultative, certains individus bénéficiaires de l'externalité et non détenteurs d'une assurance se comportent *de facto* en « profiteurs », et le fait qu'ils ne contribuent pas risque de compromettre la production de l'externalité par les autres. L'assurance obligatoire, qui revient à subventionner la consommation de soins de santé, offre alors une manière d'obliger tous les membres de la société à contribuer à cette externalité dont tout le monde profite, et fait ainsi converger l'intérêt personnel supposé guider le comportement des individus et la maximisation du bien-être collectif dont les utilitaristes ont le souci.

Il est inévitable qu'une fois engagés dans cette voie, les utilitaristes s'estiment contraints de doter les pouvoirs publics d'instructions plus précises. En effet, quelle que soit la manière de l'organiser, depuis des soins gratuits financés par l'impôt jusqu'à une obligation faite à chacun de s'affilier à la compagnie d'assurance de son choix, l'instauration d'un régime d'assurance obligatoire exige que l'on identifie avec précision non seulement les états de santé dans lesquels les assurés doivent pouvoir faire appel à des soins partiellement ou totalement couverts par l'assurance obligatoire, mais aussi la nature et l'ampleur exactes des soins auxquels ils peuvent prétendre dans chaque cas de figure. En effet, même si un ticket modérateur peut (par la pression qu'il exerce sur le prestataire plus que sur le patient) limiter l'éventuelle surconsommation de soins induite par la prise en charge collective de leur coût, l'asymétrie de l'information entre le patient et le prestataire (c'est-à-dire le fait que le médecin est supposé savoir mieux que le patient quels soins son état de santé requiert) rend indispensable une définition politique précise des prestations couvertes.

Quelle analyse coût-bénéfice ?

Quel critère proposer ? Si, en matière d'allocation des soins de santé, l'objectif est de maximiser le bien-être agrégé, il s'agit, sinon face à chaque acte médical isolé, du moins face à toute autre décision affectant la nature et l'ampleur des soins de santé couverts par l'assurance obligatoire, de se demander si le bénéfice qui en est attendu en excède le coût. En première approximation, l'utilitariste pourrait souhaiter se restreindre à des coûts et bénéfices de nature strictement monétaire. Si l'on envisage, par exemple, une opération susceptible de sauver la vie d'une personne ou de corriger un handicap grave, il s'agit d'évaluer le bénéfice escompté, éventuellement avec une pondération probabiliste, mesuré par la contribution au produit national que pourrait apporter le capital humain de la personne en question, et de comparer ce bénéfice au coût monétaire direct ou indirect de l'opération. Malgré ce que leur nom pourrait suggérer, les utilitaristes ne sont cependant nullement astreints à adopter cette interprétation bassement mercantile des coûts et bénéfices. Une vie peut bien entendu valoir la peine d'être prolongée, de leur point de vue, même si elle ne « rapporte » rien à l'économie.

Elle ne vaut pas pour autant la peine d'être prolongée à n'importe quel prix. Pour orienter l'affectation des dépenses publiques en matière de soins de santé, les économistes de la santé ont ainsi développé le concept de QALY (*quality-adjusted life year*, année de vie pondérée par la qualité de vie). À budget donné, il s'agit de financer opérations, médications, prévention et équipements de manière à maximiser non simplement l'espérance de vie de la population, ni non plus la santé à durée de vie donnée, mais le nombre total de QALYs. Qu'il s'agisse de files d'attente en matière de greffe, ou de priorité entre des équipements visant à traiter le cancer ou le sida, ce à quoi chacun aura droit dans le cadre d'un système d'assurance obligatoire utilitariste sera ainsi déterminé par le souci de rentabilité maximale au service du bien-être agrégé. Pour ce qui concerne les soins que le souci d'efficacité permet de laisser à l'assurance *facultative*, la présomption utilitariste en faveur du marché peut demeurer, mais là aussi une régulation étatique vigoureuse est en principe légitime si, par exemple, l'asymétrie de l'information entre prestataires et patients conduit à une allocation sous-optimale.

2. Le libertarisme : la souveraineté des patients et des soignants

Le point de départ des libertariens est radicalement différent. Plutôt que de maximiser l'utilité agrégée, ils visent à protéger des droits préexistants. En effet, si chaque individu est le plein propriétaire de son corps, c'est à chacun de déterminer souverainement comment il le traite, quelle part de son revenu il est prêt à consacrer à le remettre en état ou à l'assurer contre les risques d'accident ou de dysfonctionnement, tout comme c'est à chacun de déterminer quels services médicaux ou paramédicaux il accepte de fournir à d'autres et à quel prix. Une telle perspective ne conduit pas nécessairement à soumettre les soins de santé à la concurrence marchande. Si, par exemple, celles et ceux qui ont quelque compétence pour soigner les maladies décident librement de la mettre gracieusement au service de quiconque pourrait en avoir besoin, le libertarisme est pleinement compatible avec une allocation non marchande des soins de santé en fonction de la générosité des prestataires de ces soins. Sous des hypothèses plus réalistes, l'intérêt personnel des prestataires et des patients a cependant toutes les chances de conduire à une coordination marchande de l'offre et de la demande des soins de santé. Pas question, en tout cas, d'un système de soins de santé organisé par l'État. Pas question non plus d'une assurance obligatoire imposée par l'État, même si rien n'empêche une entreprise, voire l'ensemble des entreprises d'un secteur ou d'un territoire, de rémunérer en partie ses travailleurs par une assurance soins de santé obligatoire qui pourrait en contraindre les bénéficiaires (s'ils veulent profiter d'une gratuité totale ou partielle) à recourir à des prestataires de soins strictement spécifiés, voire à se soumettre régulièrement à des vaccinations ou à des dépistages.

Pas davantage question de régulation étatique de la profession médicale, même si rien n'empêche les prestataires de soins de se constituer en associations pour tenter de rassurer les patients quant à la qualité des soins et à la modestie des tarifs, et de distinguer nettement leurs membres, dans la perception du public, des charlatans et des escrocs. Pas question de régulation, même minimale, des hôpitaux, au-delà du contrôle du respect de contrats librement consentis. Dans la conception libertarienne de la justice, rien n'empêche par exemple le propriétaire d'un hôpital de pratiquer de la discrimination raciale dans l'admission ou dans les tarifs. Rien ne l'empêche non plus d'imputer au patient toutes les conséquences d'éventuelles erreurs médicales, pour autant que le contrat soit clair sur ce point. Peut-être le marché conduira-t-il à l'élimination des hôpitaux qui n'offrent pas un dédommagement approprié en cas d'erreur, ou de ceux qui utilisent des critères d'admission autres que l'état de santé et la solvabilité. Ce seront cependant des conséquences hypothétiques, et toujours contingentes, de l'usage par des agents libres des droits de propriété que la justice leur confère, et nullement le reflet direct d'une exigence de justice.

3. Le marxisme : réduire l'exploitation par les besoins

L'exploitation capitaliste renforcée

Si l'on peut trouver dans la tradition marxiste des considérations directement pertinentes pour l'allocation des soins de santé, c'est sans doute avant tout dans la critique de la soumission aliénante au marché, de la régulation par la « valeur d'échange » de services qui, par excellence, devraient être régulés par leur « valeur d'usage », c'est-à-dire par leur aptitude à satisfaire les besoins des personnes. Mais que dire si l'on approche la question avec l'interprétation de la tradition marxiste privilégiée plus haut, celle qui voit dans l'exploitation le mal fondamental du capitalisme et des autres sociétés de classe ?

Dans leur quête du profit le plus élevé, les capitalistes peuvent, dans un premier temps, être amenés à ruiner, par des salaires de misère et des conditions de travail déplorables, la santé de leurs travailleurs et de leurs familles, compromettant ainsi la durabilité de leur profit. Ils ne tarderont cependant pas à découvrir qu'il est dans leur intérêt collectif de s'obliger, avec la collaboration de la puissance étatique, à fournir un salaire suffisant pour les besoins d'une famille, à limiter le temps de travail et à financer une assurance obligatoire pour couvrir les soins de santé. Même si un capitaliste individuel pourra souvent avoir intérêt à se soustraire à pareille obligation (tout en profitant du fait que les autres s'y conforment), le fait que tous soient tenus de s'y soumettre a indiscutablement un effet positif sur le taux de profit soutenable, et donc sur le taux d'exploitation, c'est-à-dire la proportion du produit net que les capitalistes s'approprient globalement. Dans une interprétation simpliste de la critique marxiste de l'exploitation, on devrait en inférer une condamnation des systèmes d'assurance soins de santé introduits dans les pays capitalistes à partir de la fin du XIXe siècle, du fait même qu'ils permettent à l'exploitation capitaliste de se perpétuer et de se renforcer.

L'exploitation généralisée

Une voie plus créative et plus éclairante consiste à partir de la généralisation de la notion d'exploitation proposée par John Roemer, comme une inégalité de bien-être matériel dérivant d'une inégalité de dotations. Nous avons vu plus haut (chapitre III) que, à côté de l'exploitation capitaliste associée à une inégalité dans la propriété des moyens de production, on pouvait concevoir l'exploitation féodale et l'exploitation socialiste, associées respectivement à une inégalité de statut et à une inégalité de qualification. En fait, il est possible d'aller plus loin. Des personnes possédant un statut identique et des niveaux égaux de richesse et de qualification peuvent encore connaître des niveaux très différents de bien-être matériel en raison de grandes différences dans leur état de santé. Roemer [1982, p. 279-281] évoque cette possibilité et parle à son propos de *needs exploitation*, d'exploitation par les besoins. Une personne est exploitée en ce sens au cas où une égalisation des besoins, entendue comme une égalisation des états de santé, aurait pour conséquence (toutes choses égales par ailleurs) d'améliorer son sort. Elle bénéficie de ce type d'exploitation au cas où une telle égalisation aurait pour effet de détériorer son sort.

Il est clair que nous nous sommes ainsi fortement écartés du sens intuitif du terme d'« exploitation », puisqu'il est parfaitement concevable qu'un exploiteur en ce sens, qui doit le niveau élevé de bien-être dont il jouit au fait d'être doté d'une santé florissante, ne profite pas du travail de qui que ce soit. Mais cette possibilité existe même pour l'exploitation capitaliste au sens de Roemer, puisqu'il est possible d'être un exploiteur capitaliste du fait de la possession d'un ensemble de moyens de production particulièrement précieux avec lesquels on travaille soi-même. En outre et surtout, l'important n'est pas que le concept général d'exploitation proposé soit conforme à l'usage intuitif de l'expression, mais qu'il permette de formuler une conception cohérente et plausible de la justice. Dans cette perspective, l'exploitation fondée sur l'appropriation privée du capital ne constitue qu'une dimension d'une même injustice fondamentale, caractérisable comme une inégalité de bien-être résultant d'une répartition inégale des dotations. Même si elles peuvent avoir une signification stratégique particulière, la redistribution des terres ou la nationalisation des usines ne revêtent alors plus une importance éthique nécessairement supérieure au rapprochement des barèmes salariaux ou à la mise en place d'un système d'assurance sociale performant permettant d'indemniser généreusement malades et invalides.

4. L'égalitarisme libéral : une assurance santé de base

Une présomption en faveur d'une redistribution en espèces

Pour aborder la question de la répartition équitable des soins de santé, l'approche libérale-égalitaire prend pour point de départ l'idée selon laquelle des ressources aussi vastes que possible doivent être attribuées à ceux qui en ont le moins. Le souci de respecter le libre choix de chacun fonde une présomption en faveur d'une allocation de ressources en espèces. En effet, dans une économie de marché, un revenu ou une dotation monétaire est le plus facilement utilisable aux fins les plus diverses ; il peut cependant y avoir de bonnes raisons, au nom de cette même liberté, de donner à chacun une partie des ressources garanties directement sous une forme non monétaire, en l'occurrence sous la forme d'une assurance soins de santé.

L'argumentation permettant de justifier l'allocation en nature peut être fondée sur l'existence des diverses externalités positives induites par un système d'assurance santé obligatoire pour tous. Comme dans le cadre d'une approche utilitariste, ces avantages externes sont liés, par exemple, aux problèmes de « sélection adverse » qui peuvent affecter des systèmes d'assurance volontaire ou à la dimension de « bien public » que revêt la lutte contre les épidémies. Dans une perspective modérément paternaliste, une allocation en nature, en l'occurrence sous la forme d'une assurance santé gratuite, peut également être justifiée sur la base de l'hypothèse plausible selon laquelle quiconque serait pleinement conscient de la probabilité des divers problèmes de santé, de leurs coûts et de leurs autres conséquences, serait prêt à consacrer une partie de son revenu, si faible soit celui-ci, à une assurance santé de base.

Un exercice sous voile d'ignorance

Comment préciser l'ampleur et le contenu de l'assurance soins de santé qu'il est juste d'instaurer ? L'approche libérale-égalitaire est naturellement amenée à proposer l'exercice spéculatif suivant. Supposons que je ne dispose, au long de mon existence, que des ressources qu'il est possible d'assurer durablement aux moins bien dotés et que j'ignore tout de la probabilité que j'ai personnellement de devoir recourir à une forme spécifique de soins de santé ; supposons que je connaisse cependant parfaitement, au niveau de la société dans son ensemble, les probabilités associées aux différentes pathologies, leurs conséquences et les coûts des traitements requis. Derrière ce voile d'ignorance, quels traitements souhaiterais-je voir couverts, et dans quelle mesure souhaiterais-je qu'ils le soient par l'assurance santé obligatoire, compte tenu du fait que le coût de cette assurance sera bien entendu déduit des ressources utilisables à d'autres fins ? Sous des hypothèses raisonnables relatives à l'aversion pour le risque, au niveau maximum soutenable du revenu minimum et à la mesure dans laquelle les membres d'une société donnée partagent la même conception de la santé et de la maladie, cela doit permettre de justifier une assurance santé de base substantielle.

Dans la perspective ainsi esquissée, les analyses coûts-bénéfices dont les économistes de la santé sont férus conservent une place importante. Il ne s'agit cependant pas de rentabiliser le système de santé au service d'un objectif d'efficacité par rapport auquel les patients seraient instrumentalisés. Il s'agit de clarifier les conséquences des diverses options disponibles de manière à pouvoir configurer l'assurance soins de santé d'une manière avisée et impartiale, au service de personnes libres et égales, et sans se bercer de l'illusion que la santé et la survie de chacun méritent que tout leur soit sacrifié.

VII / Faut-il ouvrir les frontières ?

À mesure que les transports et les moyens de communication se font plus faciles et moins coûteux, la propension des êtres humains à quitter temporairement ou définitivement la région du monde dans laquelle ils sont nés a tendance à augmenter. La propension à migrer de manière définitive est encore accrue en raison des disparités considérables de revenus entre les diverses régions de la planète. Le contrôle des frontières, quant à lui, a bien du mal à protéger les « forteresses » riches du monde contre l'afflux de personnes désireuses d'y trouver un niveau de vie que leur pays d'origine ne peut leur offrir. À l'égard de ces pressions migratoires, quelle position de principe adopter ?

1. L'utilitarisme : l'écheveau des externalités

Si l'on adopte comme population de référence l'ensemble de l'humanité, l'utilitarisme fonde une forte présomption en faveur de la libre circulation des personnes. En effet, si une famille décide de migrer, que ce soit au sein d'un pays ou au-delà de ses frontières, ce ne peut être que parce qu'elle escompte ainsi améliorer son sort, contribuant par là même (toutes choses restant égales par ailleurs) à un accroissement du bien-être agrégé. Bien entendu, la situation après migration peut rester bien en deçà des attentes. En outre, divers facteurs peuvent rendre difficile, voire impossible, le retour au point de départ, et même quand ce retour est possible, le coût encouru par le migrant repenti peut excéder le bénéfice qu'il aura retiré de son expérience. Cependant, ces nuances appelées par la prise en compte de l'incertitude, de l'information imparfaite et des erreurs d'appréciation n'affectent guère la présomption que ce sont les migrants (potentiels) qui sont le mieux à même de juger si leur niveau de bien-être se verrait accru par l'effet de la migration envisagée. La liberté de migrer peut dès lors être présumée justifiée par le souci de maximiser le bien-être agrégé.

Cela n'implique cependant pas qu'aucune considération empirique plausible ne soit susceptible de renverser cette présomption et d'amener l'utilitariste à prôner de fortes entraves à la migration transnationale. Tout d'abord, il peut être opportun de s'interroger sur la manière dont les décisions sont prises à l'intérieur des ménages. Pour contester le caractère optimal de l'exode rural et de l'urbanisation galopante du tiers monde, on peut faire l'hypothèse suivante : bien souvent, ce qui est le meilleur choix du point de vue de l'homme ne l'est pas nécessairement du point de vue de la femme et/ou des enfants, et en dépit d'un revenu global accru, le bien-être global des *ménages* pourrait bien être en moyenne détérioré par rapport à la situation d'insertion rurale initiale. Si l'intérêt de l'homme pèse en moyenne plus lourd que celui de sa femme ou des enfants dans la décision de migrer, la présomption que celui qui décide fait généralement ce qui est meilleur pour lui-même ne suffit plus à garantir que la liberté de migrer permette de réaliser l'optimum utilitariste. Rien n'exclut qu'en servant mieux les intérêts des femmes et des enfants, des entraves à la migration puissent permettre d'atteindre un niveau plus élevé de bien-être agrégé.

Supposons toutefois, pour les besoins de l'argument, que la décision de migrer se prenne toujours de telle sorte qu'elle maximise le bien-être du *ménage* concerné. Il ne s'ensuit pas encore que la liberté de migrer maximise le bien-être *collectif*. La migration d'un ménage est en effet susceptible de créer de fortes externalités négatives (c'est-à-dire des coûts collectifs qui ne sont pas répercutés dans les coûts et bénéfices de ceux qui prennent la décision, en l'occurrence ici les membres du ménage concerné). Une migration peut certes alléger, au profit de ceux qui restent, la pression sur les ressources rares dont dispose la société d'origine ; celle-ci peut en outre tirer profit des rentrées financières qu'elle reçoit, directement ou indirectement, de cette diaspora ; de plus, la migration en question peut enrichir la diversité de la société d'accueil et renforcer les ressources humaines mises à la disposition de son économie. Mais elle peut aussi, simultanément, soustraire définitivement à la société d'origine un certain nombre de ses membres les plus dynamiques et les mieux formés, et disloquer les sociétés d'accueil par l'afflux d'arrivants qui, pour diverses raisons, ne sont pas en mesure de s'y intégrer aisément. Si ces externalités négatives prévalent nettement sur les externalités positives, de nombreux ménages peuvent encore avoir fortement intérêt à migrer. Mais rien ne garantit plus que cette migration, même parfaitement informée, contribuera à maximiser le bien-être agrégé, et il se peut donc bien que l'utilitariste avisé se doive d'entraver, fût-ce sélectivement, les mouvements migratoires.

Enfin, il se peut que les externalités positives de la migration au profit du pays d'origine (moindre pression sur les ressources, haut rendement de la diaspora) soient telles que les pays à forte émigration soient incités à adopter, au cas où l'on ouvrirait les frontières, une politique démographique beaucoup plus nataliste que celle qu'ils adopteraient avec des frontières fermées. Ce faisant, ce sont les pouvoirs publics de ces pays qui ne prennent pas en compte les externalités négatives de la croissance rapide de la population mondiale à laquelle ils contribuent. Les entraves à l'immigration permettent de prévenir le risque d'une telle « tragédie des communaux », en responsabilisant les pays par rapport à leurs taux de croissance démographique et en contribuant ainsi à maximiser le bien-être moyen transgénérationnel.

Ces considérations sont toutes fondées sur des hypothèses factuelles plus ou moins bien étayées quant à l'ampleur probable de divers effets qui jouent dans des sens opposés. C'est ce qui les rend caractéristiques d'une approche utilitariste. La mesure dont il s'agit d'évaluer la légitimité affecte le bien-être agrégé par de multiples mécanismes, plus ou moins puissants, plus ou moins subtils, plus ou moins sélectifs quant aux personnes qu'ils concernent. C'est leur *effet net* qui est décisif pour le verdict utilitariste. Que cet effet net soit souvent difficile à déterminer avec précision n'empêche pas l'utilitariste attentif à l'interdépendance complexe des phénomènes sociaux de pouvoir se former une opinion raisonnable sur les prémisses factuelles de son verdict.

2. Le libertarisme : le droit fondamental à la mobilité universelle

Si chacun jouit d'un plein droit de propriété sur soi-même et s'il est illégitime que l'État fasse autre chose que protéger les droits individuels, il est difficile d'échapper à une présomption extrêmement forte en faveur de la libre circulation planétaire. Pas question pour un État d'exiger des visas d'entrée, encore moins d'imposer des visas de sortie. Pas question non plus d'instaurer des quotas, ni d'exiger des immigrants potentiels une profession de foi idéologique ou une compétence linguistique minimale. Les immigrants ne peuvent bien entendu prétendre à aucune prestation sociale autre que ce à quoi leur donneraient accès les cotisations éventuellement payées dans le cadre d'un contrat d'assurance. Cependant, personne ne peut les empêcher d'accepter un emploi qu'un employeur est disposé à leur offrir, ni d'occuper un logement que son propriétaire est disposé à leur vendre ou à leur louer.

Bien entendu, ces restrictions d'accès qu'aucune souveraineté étatique n'est habilitée à instaurer, tout propriétaire privé ou consortium de propriétaires privés peut se les permettre sans autres limites que le territoire sur lequel s'exerce le droit de propriété afférent. Si vous avez pour patrimoine privé un vaste territoire, c'est à vous de décider qui peut le traverser, s'y installer, y travailler, s'y exprimer. S'il vous chante de n'y admettre que des francophones, ou des hommes roux, ou des diplômées en informatique, tant pis pour les autres. Propriétaire d'un terrain, libre à vous d'exclure toute personne qui ne satisfait pas aux conditions que vous avez choisi de stipuler — que cette personne soit ou non venue d'ailleurs, du reste.

Ne risque-t-on pas ainsi, contrairement à la présomption initiale, d'aboutir à des limites à la libre circulation au moins aussi contraignantes que celles qui existent aujourd'hui ? C'est possible, mais peu probable. En effet, si les propriétaires choisissent de s'organiser à une échelle relativement réduite, la fragmentation territoriale elle-même rendra fragile toute entrave générale aux migrations, compte tenu en particulier du fait que les propriétaires des axes de circulation auront tout intérêt à ce que leur taux d'utilisation soit élevé. Et même si de vastes consortiums s'organisaient pour atteindre des dimensions analogues aux États-nation actuels, le pouvoir y serait toujours exercé exclusivement par les propriétaires. Or, ceux-ci ont de bonnes chances de se montrer favorables à l'arrivée de ces travailleurs, locataires ou clients potentiels que sont les immigrants, plus favorables en tout cas que ne le sont nos États démocratiques, qui doivent faire plus de cas des intérêts des catégories d'autochtones qui seraient le plus directement en concurrence avec les immigrants, tant sur le marché de l'emploi que sur celui du logement.

Le libertarisme est donc loin d'attribuer à chaque membre de l'espèce humaine le droit d'aller où il veut. Mais la limitation drastique des migrations transnationales, qui incarcère dans des frontières plus ou moins étroites une proportion importante de la population mondiale, ne peut trouver aucune grâce à ses yeux.

3. Le marxisme : abolir l'exploitation nationale

Que dire de l'immigration dans une perspective qui fait de l'exploitation le mal central de nos sociétés ? D'abord, sans doute, que l'ouverture des frontières est indiscutablement une bonne chose pour les capitalistes, et cela pour deux raisons distinctes. D'une part, parce que l'apport d'une main-d'œuvre étrangère avide de travailler ne peut que gonfler la masse des travailleurs potentiels parmi lesquels les capitalistes ont la faculté de sélectionner leur force de travail. D'autre part, parce que (comme Marx et Engels le notaient dans le cas de l'immigration irlandaise en Angleterre) la présence de travailleurs étrangers a pour effet, en tout cas à court terme, de diviser la classe ouvrière et ainsi d'entraver ses efforts d'organisation collective en vue d'obtenir des augmentations salariales et des améliorations des conditions de travail. Si le but est de réduire autant que possible le taux d'exploitation capitaliste, le verdict paraît donc devoir être négatif. D'autant plus, dans ce cas, que les entraves à l'action collective des travailleurs n'affectent pas seulement leur capacité d'améliorer leur condition en régime capitaliste mais aussi celle de militer pour la substitution au capitalisme d'un régime où l'exploitation capitaliste serait abolie. Tant pis donc, de ce point de vue, pour les travailleurs étrangers qui frappent à la porte. Ils devront attendre, pour pouvoir circuler librement, qu'une internationale des pays socialistes ait pu s'instaurer.

Il importe cependant de se demander sur quel principe éthique repose la condamnation marxiste de l'exploitation capitaliste. S'il s'agit d'un principe qualifiant d'injuste toute inégalité de bien-être enracinée dans une inégalité de dotations en un sens très large, alors une évaluation très différente du phénomène migratoire s'impose. S'il y a aujourd'hui, à l'échelle de la planète, des inégalités colossales de niveau de vie, c'est certainement pour partie le reflet du fait que certains possèdent beaucoup plus de capital que d'autres. Mais c'est au moins autant le reflet du fait que certains sont nés citoyens de pays riches, avec tous les avantages que cela représente en termes d'accès à la formation, à l'emploi et aux prestations sociales, alors que beaucoup d'autres n'ont pas eu ce privilège. La nationalité et les droits qu'elle confère peuvent donc être interprétés comme un type spécifique de dotation, à côté du capital et des qualifications, du statut de seigneur ou de serf, et de l'état de santé. On pourrait dès lors parler d'une « exploitation nationale » prenant place à côté des formes d'exploitation féodale, capitaliste, socialiste, etc.

Cette exploitation nationale n'est pas caractérisable, ou l'est seulement très partiellement, en termes d'« exploitation des pays pauvres par les pays riches », au sens où ceux-ci extrairaient de ceux-là une plus-value, c'est-à-dire profiteraient d'un échange inégal de valeur-travail. En effet, le privilège dont jouit un citoyen d'un pays riche est pour l'essentiel le reflet de différences dans la productivité du travail, résultant elles-mêmes d'inégalités dans l'état d'avancement de la technologie et le niveau d'investissement, parfois aussi de conditions naturelles ou culturelles. Il n'est dès lors pas du tout évident que les flux nets de valeur-travail, c'est-à-dire de « travail socialement nécessaire », se fassent en direction des pays plus riches, où bien davantage de valeur-travail est produite par heure de travail. Mais peu importe, car même si le flux net de valeur-travail est favorable aux pays pauvres, leurs citoyens sont des victimes de l'« exploitation nationale » au sens suggéré, puisque leur sort serait sans nul doute amélioré (toutes choses égales par ailleurs) si les dotations correspondantes étaient « égalisées », c'est-à-dire si la nationalité ne conférait plus aucun droit économique ou social spécifique.

L'ouverture universelle des frontières à l'immigration, sans restriction aucune quant aux droits des immigrés, constitue sans doute la manière la plus radicale d'éroder ces privilèges, mais ce n'est pas la seule. La libre circulation du capital, par exemple, accroît certes l'exploitation capitaliste, mais ne peut que réduire l'exploitation nationale. Et l'instauration d'une démocratie mondiale, avec des pouvoirs redistributifs importants, constitue sans doute la seule stratégie qui puisse prétendre s'attaquer simultanément à cette exploitation nationale et à l'exploitation capitaliste.

4. L'égalitarisme libéral : deux versions diamétralement opposées

Le droit des peuples à se protéger

Dans sa version dualiste, défendue par Rawls lui-même dans son dernier livre [Rawls, 1999], l'égalitarisme libéral distingue nettement les principes de justice libéraux qui sont supposés s'appliquer à nos sociétés pluralistes et les principes de la justice internationale qui sont censés incorporer le respect « libéral » pour la diversité des conceptions, éventuellement non libérales, guidant l'organisation des sociétés « décentes » de la planète. Les principes de justice internationale auxquels Rawls estime que les représentants de toutes ces sociétés souscriraient sous voile d'ignorance incluent un droit d'émigrer, éventuellement sous réserve d'un remboursement des coûts de formation pris en charge par le pays d'origine.

Cependant, exception faite de l'obligation pour la communauté internationale de donner asile aux réfugiés, ces principes de justice n'incluent aucun droit d'immigrer. Chaque société conserve ainsi le droit de protéger sa population et sa culture contre cette « invasion pacifique » qu'est l'immigration, et le principe de différence ne s'applique qu'à l'échelle de chaque État-nation souscrivant à l'égalitarisme libéral. Les principes du « droit des gens » incluent certes un devoir d'assistance en cas de situation économique désastreuse. Il est cependant clair que des pressions migratoires considérables demeureraient, auxquelles la conception rawlsienne de la justice internationale ne fournirait aucune raison de céder.

Une présomption pour la mobilité

Le raisonnement et la conclusion sont très différents si l'on refuse d'accorder aux États-nations le rôle fondamental que Rawls lui-même leur attribue, et si l'on considère au contraire l'humanité entière comme la société à laquelle la conception libérale-égalitaire de la justice doit être appliquée. On retrouve alors une présomption très forte en faveur de frontières ouvertes. Si cette conception de la justice accorde un statut prioritaire à un principe d'égalité stricte des chances à talents égaux, il est clair que toute limitation des migrations doit être considérée comme une discrimination inacceptable en fonction du lieu de naissance ou de la citoyenneté. Mais même en l'absence d'un tel principe, le principe de différence à lui seul fonde une présomption dans le même sens, en tout cas lorsqu'il est interprété dans sa version lexicale (« si le sort des plus défavorisés n'est pas affecté, c'est celui de la catégorie située juste au-dessus d'eux qui est décisif, et ainsi de suite »). On peut en effet supposer que la liberté de migrer permettra globalement à des ressortissants de pays pauvres d'aller partager les richesses aujourd'hui concentrées dans les pays riches. Même si aucun des plus pauvres des pays pauvres ne pouvait en profiter, il n'en découlerait pas moins une meilleure réalisation du principe de différence dans cette interprétation lexicale.

Il se pourrait cependant qu'ici aussi cette présomption soit invalidée par des considérations analogues à celles évoquées dans le cadre de l'approche utilitariste. Peut-être l'amélioration du sort du membre du ménage qui détient le pouvoir de décision se fait-elle systématiquement au détriment du ou des autres membres qui, dans la société d'accueil, se trouvent privés de ressources dont ils disposaient dans la société d'origine. Il se peut aussi que l'émigration se fasse au détriment des plus vulnérables de la société d'origine, abandonnés à leur sort, et que l'immigration se fasse au détriment des plus vulnérables de la société d'accueil, concurrencés plus que quiconque par les immigrants dans leur accès au logement et à l'emploi. Il se peut, enfin, que la liberté de migrer déresponsabilise les autorités contrôlant la politique de natalité, conduisant ainsi à une détérioration du niveau de ressources que l'on pourra durablement assurer à la catégorie de la population qui en a le moins.

La concurrence entre États

Pourtant, il est une considération supplémentaire qui, si elle n'est sans doute pas sans pertinence pour une évaluation utilitariste, devient cruciale dans une perspective libérale-égalitaire. Pour assurer durablement autant de ressources que possible à ceux qui en ont le moins, l'action redistributive des pouvoirs publics est essentielle. Or, plus les possibilités réelles de migrer sont élargies par l'effet de l'ouverture des frontières, plus la capacité redistributive des États se voit contrainte par la menace crédible d'émigration émanant de leurs résidents les plus productifs, détenteurs du capital humain le plus rentable, et dont le principe de différence exige que le rendement soit ponctionné de manière à améliorer durablement la situation des moins bien dotés. Ces résidents les plus productifs peuvent profiter d'une mobilité accrue pour aller vivre dans un pays où ils seront moins taxés — et où, détenteurs de ressources humaines alléchantes, ils seront plus que probablement les bienvenus. Par conséquent, plus la liberté de migrer est totale, plus les pays pauvres et riches sont soumis à une concurrence fiscale qui les empêchera de redistribuer une part aussi importante de leur produit national qu'ils ne pourraient le faire dans un monde plus clos, plus compartimenté. Il se peut dès lors qu'en dépit du partage des richesses qu'implique une migration accrue des pays pauvres vers les pays riches, les richesses se retrouvent en fin de compte moins largement partagées en raison de l'affaiblissement de la capacité redistributive des pouvoirs publics tant dans les pays les plus pauvres que dans les pays les plus riches.

Bien entendu, cet argument libéral-égalitaire à l'encontre de l'ouverture des frontières n'est valable qu'aussi longtemps que l'essentiel du pouvoir de redistribution interpersonnelle est localisé au niveau des États-nation (tout comme, du reste, l'argument précédent n'est valide qu'aussi longtemps que ce sont les États qui détiennent le contrôle public de la politique démographique). Si les compétences concernées étaient transférées à un État mondial, la mobilité transnationale pourrait favoriser l'allocation optimale des facteurs de production sans pour autant les immuniser contre les ponctions fiscales, et le potentiel d'amélioration du sort des plus démunis de la planète s'en trouverait dès lors amélioré sans ambiguïté. Il se peut pourtant que, même à long terme, la concentration de pouvoir qu'un tel dispositif requerrait ne soit pas souhaitable. En attendant que les capacités administratives et le potentiel de contrôle démocratique à grande échelle aient pu se développer, il faudra tabler sur un pouvoir redistributif qui restera à un niveau bien inférieur au niveau planétaire. Dans ce contexte, il n'est pas impossible qu'une ouverture accrue des frontières puisse servir un principe de différence mondial, mais c'est loin d'être une évidence.

Épilogue / Justice sociale et éthique personnelle

Pour des raisons esquissées dans l'introduction, l'essentiel des chapitres précédents a porté sur la manière de caractériser des institutions justes. Mais l'adoption de certains principes de justice au niveau des institutions n'a-t-elle pas des implications quant aux principes qui doivent régir le comportement individuel de chacun, en particulier dans le champ économique et social ? Cette question a fait l'objet d'une discussion intense en référence à la théorie rawlsienne de la justice, mais elle se pose de manière analogue en référence à toute autre conception de la justice des institutions sociales.

1. La division du travail moral

Le dualisme de Rawls : prendre au sérieux le pluralisme

Pour Rawls [1971, p. 7], c'est la *structure de base* de la société — c'est-à-dire « la manière dont les principales institutions sociales répartissent les droits et devoirs fondamentaux et déterminent la division des avantages de la coopération sociale » — qui constitue l'objet primordial de la justice. Dès lors, une société juste est une société dont la structure de base est conforme aux principes de justice énoncés. Cela signifie-t-il que rien ne soit exigé individuellement de chaque membre d'une telle société ? Nullement. D'abord, il est évident que l'instauration et la préservation de la justice sociale au sein des institutions ne sont possibles que si les membres de la société se comportent d'une certaine manière en tant que citoyens : les institutions d'une société démocratique ne se conformeront aux principes de justice que si une majorité de citoyens y adhère et élit des représentants et des gouvernants déterminés à les mettre en œuvre. Ensuite, il ne serait guère cohérent que les citoyens optent pour des principes de justice dont la réalisation implique par exemple des prélèvements fiscaux, tout en tentant par ailleurs de se soustraire à de tels prélèvements en sous-déclarant leurs ressources. Le civisme fiscal est pour Rawls un « devoir naturel » découlant, pour chaque personne, de l'adhésion aux principes de justice.

Cependant, au-delà de ces exigences au niveau du comportement politique et des « devoirs naturels » qui en dérivent en toute cohérence, les membres de la société ont, pour Rawls, toute latitude pour mener leur existence comme ils l'entendent, poursuivant leur intérêt personnel, celui de leurs proches, ou tout autre objectif qu'ils s'assignent. Dans la *Théorie de la justice*, Rawls [1971, p. 111] suggère brièvement qu'il faudrait élaborer une théorie éthique du comportement individuel (« *rightness as fairness* »), également associée au recours à une position originelle, qui serait le complément naturel de sa théorie de la justice des institutions (« *justice as fairness* ») et définirait avec elle l'idéal complet d'une société bien ordonnée. Mais dans son deuxième livre [Rawls, 1993a], il souligne que c'eût été là une grave incohérence dans le cadre d'une théorie de la justice qui porte en son cœur même la reconnaissance d'un pluralisme raisonnable de conceptions de la vie bonne. Entre le domaine de la justice et celui de l'éthique individuelle demeure donc une dichotomie tranchée, une « division du travail moral », qui est essentielle à l'approche de Rawls.

Le défi de Cohen : les incitants comme rançon

Dans une succession d'essais très remarqués, G. A. Cohen [1992, 1999] soutient que c'est au contraire cette dichotomie qui constitue une incohérence. Le principe de différence permet en effet que les avantages socio-économiques soient répartis de manière inégale, pour autant que cette inégalité soit indispensable pour améliorer autant que possible la situation des plus défavorisés. Mais « indispensable » en quel sens ? Si Jean est invalide et que Jeanne doit porter Jean, il se peut que nourrir Jeanne mieux que Jean profite aussi à Jean puisque Jeanne, autrement, serait incapable de porter Jean. Pour Cohen comme pour Rawls, des inégalités se conformant à ce schéma sont incontestablement justifiées. Mais, pour Cohen, il est douteux que, dans le monde réel, elles soient d'une grande ampleur. L'essentiel des inégalités dont Rawls estime qu'elles sont justifiées au nom du principe de différence ne sont alors pas des inégalités qui rendent les plus avantagés *capables* de produire autant qu'ils le font, mais qui les y *motivent*. Or, dit Cohen, si les membres de la société adhèrent vraiment aux principes de justice, et en particulier au principe de différence, il ne devrait nullement être nécessaire de leur offrir de tels incitants matériels. Dès lors, ceux qui réduisent l'usage productif de leurs talents parce qu'ils ne perçoivent pas une rémunération excédant suffisamment la simple compensation de leur effort, se comportent en preneurs d'otage. Au lieu d'agir en cohérence avec les principes de justice auxquels on suppose, d'après leur comportement politique, qu'ils adhèrent, ils extorquent, en tant qu'agents économiques, une part de produit qui aurait pu être consacrée à l'amélioration du sort des plus défavorisés.

Ainsi, par contraste avec l'interprétation *lâche* adoptée par Rawls lui-même, cette interprétation *stricte* du principe de différence proposée par Cohen limite les inégalités justes à celles qui sont indispensables pour fournir aux plus talentueux la *capacité*, non la motivation, de faire usage de leurs talents. Il balaie du même coup la dichotomie de Rawls et la « division du travail moral » qu'elle permet. Plus question de dire à chacun : « Du point de vue de la justice, libre à vous de faire ce que vous voulez, pourvu que vous respectiez les obligations légales qui vous sont imposées par des institutions judicieusement façonnées à la lumière des principes de justice. » C'est l'ensemble du comportement de chacun — choix de profession, ardeur au travail, propension à l'épargne, etc. — qui doit être animé par le souci de la justice, et en particulier celui d'assurer le sort le meilleur possible aux plus défavorisés. En d'autres termes, un rawlsien cohérent se doit d'être guidé dans son comportement privé par le souci des plus défavorisés — pas du tout au sens où il devrait se consacrer corps et âme à la charité au service des plus pauvres, mais au sens où la structuration égalisatrice des institutions ne peut en rien diminuer les efforts qu'il déploie pour se former, travailler, épargner ou investir.

Cette conception unifiée de l'existence morale n'est-elle pas en contradiction avec le primat que Rawls accorde aux deux autres principes de justice, y compris la garantie de libre choix de sa profession ? Pas du tout, car il ne s'agit pas de restreindre la liberté de choix laissée par les institutions, mais de déterminer l'usage qu'il est juste que les membres de la société fassent de la liberté que les institutions leur laissent. En revanche, Cohen se prive de l'attrait que, en raison même de la dichotomie qu'elle instaure, l'approche de Rawls pouvait présenter aux yeux de ceux qui aimeraient faire place à des préoccupations égalitaires tout en se prémunissant contre l'emprise suffocante d'une conception de la justice qui prétendrait tout régenter (voir Arnsperger [1998b]).

Agir sur les institutions informelles

Justifier pleinement cette « division du travail moral » n'est pas chose aisée. Mais si l'on y parvient, il reste possible de restreindre, dans la direction suggérée par Cohen, l'ampleur des inégalités jugées légitimes. En premier lieu, on peut tenter d'élargir la notion rawlsienne de « structure de base de la société » au-delà du cadre institutionnel légal auquel elle est habituellement réduite (voir Williams [1998], Vandenbroucke [2000]). Les institutions sont, en effet, des ensembles de règles. Pour les règles légales, il existe des procédures précises spécifiant qui les édicte et qui les abolit, à qui elles s'appliquent, à quelles sanctions leur transgression expose et qui est chargé de les mettre en œuvre. Mais il existe bon nombre d'autres règles, des habitudes socialement sanctionnées, qui affectent significativement la « division des avantages de la coopération sociale », et peuvent dès lors prétendre appartenir à la structure de base, sans pour autant posséder ces diverses caractéristiques des règles légales. La transgression de ces règles-là suscite des sanctions sociales, pouvant aller de l'indignation à l'ostracisme.

Pensons, par exemple, aux coutumes régissant les négociations collectives entre organisations d'employeurs et de travailleurs. Selon qu'elles induisent ou non la confiance entre les parties, elles peuvent faire place à une modération salariale favorable à l'emploi, et par là permettre, à cadre légal donné, de garantir aux moins avantagés un sort durablement meilleur que dans le climat de défiance mutuelle qui régnerait en l'absence de telles coutumes. On peut penser également à des règles de fonctionnement internes aux familles qui distribuent les tâches ménagères d'une manière relativement égalitaire. Elles ont pour effet, à cadre légal donné, de répartir les avantages socio-économiques d'une manière qui est plus favorable aux personnes les moins avantagées que lorsque des règles informelles couvrent d'opprobre les femmes qui « négligent leur ménage » et de ridicule les hommes qui s'y consacrent.

Dans la perspective ainsi esquissée, une société n'est juste qu'au cas où il serait impossible de façonner différemment non seulement son cadre légal, mais aussi son système complexe de règles informelles, d'une façon telle que le sort des plus défavorisés y serait durablement amélioré. Une telle perspective offre la possibilité d'une position intermédiaire entre la position attribuable à Rawls lui-même, jugée trop permissive à l'égard des inégalités, et celle de Cohen, qui implique une emprise de la justice sur toutes les dimensions de l'existence.

Il est cependant possible qu'à l'analyse, cette perspective se réduise à la position de Rawls ou à celle de Cohen. En effet, si la situation des plus défavorisés peut être améliorée par une modification des institutions informelles, ne l'est-elle pas aussi, et même plus efficacement, par un réaménagement correspondant du cadre légal, transformant en lois les coutumes optimales (réduction à Rawls) ? Inversement, la possibilité d'améliorer le sort des plus défavorisés par la modification d'une règle informelle n'équivaut-elle pas, en pratique, à la possibilité de l'améliorer par une modification du comportement des personnes (réduction à Cohen) ?

Susciter des dispositions solidaires

Une seconde possibilité de compromis entre les positions de Rawls et de Cohen consiste à s'en tenir au confinement strict de la justice au cadre légal, mais en tenant compte de l'impact que ce cadre légal peut avoir sur l'*ethos* diffusé au sein de la société. Par exemple, des pans très divers de la législation (allant de l'organisation concrète de l'assurance soins de santé jusqu'à la planification urbaine) peuvent avoir un impact massif sur le degré auquel les diverses générations et les diverses catégories professionnelles interagissent les unes avec les autres et développent par là une disposition à la solidarité. Cette disposition n'affecte pas seulement la facilité avec laquelle la population pourra, dans son comportement politique et donc dans l'élaboration du cadre légal, se laisser inspirer par le principe de différence. Elle peut aussi affecter de manière significative le sort des plus défavorisés en infléchissant le comportement privé des membres de la société. Elle peut, par exemple, induire une propension à s'entraider dans des situations de besoin. Elle peut aussi renforcer une identification avec l'ensemble de la société, identification susceptible de créer un sentiment de honte chez tous ceux qui, parmi les plus mobiles et les mieux dotés, songeraient à s'expatrier en vue d'échapper aux mécanismes de solidarité qui, sur la base des principes de justice, grèvent leurs revenus.

Une société juste, dans cette perspective, resterait une société dont le cadre *légal* est optimal du point de vue des plus démunis. Cependant, ce cadre ne devrait pas seulement être évalué sur la base des droits et des devoirs qu'il confère directement, mais aussi en tenant compte de ses effets induits sur l'*ethos* qui façonne le comportement des membres de la société. La question de ce qui doit guider la conduite individuelle pourrait ainsi rester distincte de celle de savoir ce qui constitue une société juste, sans pour autant que ce dualisme ne force à avaliser un degré d'inégalité tellement extrême que ses chances de commander notre assentiment, à l'équilibre réfléchi, s'en trouvent compromises.

2. Changer la vie ?

Que ces deux questionnements doivent rester distincts, et que le questionnement sur la justice soit prioritaire, ne prive pas de son importance la réflexion sur les considérations éthiques qui, dans le champ économique et social, doivent guider la conduite des personnes et des organisations. Qu'en matière économique, en tout cas, une telle réflexion soit plus importante que jamais, telle est la conviction qui sous-tend par exemple le développement récent de l'éthique des affaires (voir encadré). Mais même lorsqu'il s'agit de guider les actes d'un patron qui doit décider quels salariés licencier, d'un gestionnaire de fonds qui doit décider où investir, ou d'un employé découvrant une pratique frauduleuse, on ne peut faire l'économie d'une réflexion préalable sur ce que sont ou seraient des institutions justes. Certes, l'éthique individuelle consiste pour partie à honorer ses promesses, maîtriser son humeur ou se montrer attentionné envers celles et ceux que l'on côtoie. Mais dans ce qu'elle a de plus spécifiquement lié au champ économique et social, elle consiste essentiellement à se conformer scrupuleusement à une loi juste ou à ce que devrait être la loi si elle était juste, et cela même lorsqu'on est à l'abri

L'éthique des affaires : hypocrite ou suicidaire ?

L'éthique des affaires (ou *business ethics*) vise à guider le comportement personnel des dirigeants d'entreprises et, au-delà, de toute personne engagée à l'un ou l'autre titre dans l'activité économique. La question, ici, n'est pas directement de savoir ce que la loi doit être, mais bien de savoir ce que l'éthique requiert au-delà de ce que la loi exige — ou parfois en deçà, là où la transgression de la loi écrite est une loi non écrite.

Pour diverses raisons, dont la sensibilité croissante des entreprises à leur image de marque et la difficulté croissante de les soumettre aux législations nationales, de nombreuses entreprises ont été amenées à proposer ou à imposer des règles de conduite correcte tant au niveau de leur fonctionnement interne qu'au niveau de leurs relations avec leurs clients, leurs fournisseurs, leurs actionnaires, la population avoisinante et les pouvoirs politiques.

Mais il ne suffit pas de promulguer des chartes et des codes. Il faut aussi trouver des arguments pour les justifier, de manière à convaincre de leur bien-fondé un personnel et une opinion publique qui ne sont plus impressionnés par la référence à une autorité (religieuse, par exemple). C'est cette argumentation permettant d'opérer un tri cohérent entre ce qui est éthiquement requis, toléré et condamné, que l'éthique des affaires vise à fournir (voir par exemple Bowie [1982], Lipovetsky [1992]).

Mais l'éthique des affaires n'est-elle pas confrontée à un dilemme fatal ? (voir Baumol [1991]) Contrairement à certaines déclarations accrocheuses, il n'y a aucune raison de supposer l'existence d'une harmonie systématique entre ce que recommande l'éthique et ce que requiert la maximisation, même à long terme, du profit. Ce fait ne légitime pas seulement quelque suspicion à l'endroit d'une discipline qui aurait gros à perdre si ses recommandations s'écartaient par trop des intérêts de ceux qui ne sont pas seulement des objets d'étude, mais souvent aussi des bailleurs de fonds. Il force surtout à reconnaître que, dans la mesure où éthique et profit divergent sensiblement, les injonctions de l'éthique des affaires sont autodestructrices. Qu'il s'agisse, par exemple, du respect de l'environnement ou du recrutement non discriminatoire, toute entreprise qui, au nom d'impératifs éthiques, s'écarterait significativement du comportement le plus profitable s'exposerait à l'invasion de concurrents moins scrupuleux, à l'érosion de ses parts de marché et, en fin de compte, à la faillite. (Sur la possibilité et l'importance d'échapper à ce dilemme, voir Van Parijs [2002b].)

de toute sanction et parfois au prix d'un sacrifice personnel important.

Y voir clair quant à ce qui caractérise des institutions justes n'est donc pas seulement pertinent pour guider notre comportement politique, pour clarifier le contenu des causes au service desquelles il importe de s'engager. Cela importe tout autant pour guider notre comportement économique, pour clarifier la nature des devoirs qui s'imposent à nous dans notre vie professionnelle.

C'est donc tant à ceux qui sont simplement soucieux de travailler en conformité avec des convictions cohérentes, qu'à ceux qui cherchent à donner une formulation cohérente aux objectifs de leur action, que s'adresse une éthique économique et sociale moderne, centrée sur la question de la justice sociale. Entrer dans la démarche qu'elle propose exige deux actes de foi.

Tout d'abord, on doit accepter le risque intellectuel de soumettre à la confrontation et à la critique les convictions auxquelles on estimait jusqu'ici devoir souscrire. Cela exige que l'on croie que le parcours d'écoute et d'argumentation ainsi amorcé puisse être fécond, qu'il puisse conduire — cahin-caha, au fil de défis, de réfutations et de rééquilibrages, au gré d'un cheminement jalonné de doutes et de percées soudaines, parfois de ruminations sur des fictions alambiquées ou sur des objections biscornues — à cet équilibre réfléchi dont la quête forme le noyau de la démarche proposée.

Mais l'adhésion à cette pratique de l'éthique exige aussi que l'on croie que notre société et notre monde ne sont pas exclusivement régis par des rapports de force, par des négociations tactiques entre visions rivales, et par la puissance d'intérêts qui n'hésitent pas à revêtir, si cela peut leur être utile, les oripeaux de l'éthique. Elle exige que l'on croie que les valeurs, et singulièrement la conception de la justice à laquelle on estime, à la réflexion, pouvoir adhérer, sont susceptibles de produire sur la réalité un impact qui ne soit pas que décoratif.

Cet impact n'existera que si la démarche présentée ici ne reste pas simplement un exercice intellectuel ou une bribe d'érudition livresque ; si elle contribue à nourrir et à façonner un « désir éthique », dans notre vie professionnelle comme dans nos engagements sociaux et politiques ; si elle parvient à mieux protéger ce désir contre les doutes que les bénéficiaires de l'injustice ont intérêt à semer, mais aussi contre notre propre faiblesse, nos propres velléités de confort, de prestige et de pouvoir ; et si elle nous aide à œuvrer au service de nos idéaux avec toute la vigueur que confère la cohérence. Sans cynisme ni naïveté. Sans fanatisme ni fatalisme.

Repères bibliographiques

Note : en français, le lecteur pourra utilement consulter les ouvrages suivants : Marciano [1999] pour un aperçu historique de divers courants de réflexion éthique sur l'économie ; Van Parijs [1991], Dupuy [1999] et la traduction française de Kymlicka [1990] pour des introductions critiques aux principales théories contemporaines de la justice ; Berten, Da Silveira et Pourtois [1997] pour une mise en perspective des théories libérales de la justice à partir des approches communautariennes ; Fleurbaey [1995] et Fleurbaey et Mongin [1998] pour des aperçus de l'état actuel de l'économie normative ; MAUSS [2000] pour des traitements « hétérodoxes » des liens entre éthique et économie ; Audard [1999] pour une riche anthologie sur l'utilitarisme ; Audard et al. [1988], Guillarme [1999] et Muñoz-Dardé [2000] pour des introductions critiques à l'œuvre de Rawls ; Lacroix [2001] pour une introduction au communautarisme de Walzer ; Chauvier [1999] sur la justice internationale.

ACKERMAN Bruce A. [1980], *Social Justice in the Liberal State*, New Haven et Londres, Yale University Press.

ALTHUSSER Louis [1965], *Pour Marx*, Paris, Maspero.

ALTHUSSER Louis, BALIBAR Étienne (sous la dir. de) [1968], *Lire le Capital*, vol. 1, Paris, Maspero.

ARNESON Richard J. [1989], « Equality and Equal Opportunity for Welfare », *Philosophical Studies*, vol. 56, p. 77-93.

ARNESON Richard J. [1998], « Real Freedom and Distributive Justice », *in* J.-F. LASLIER et M. FLEURBAEY (sous la dir. de), *The Ethics and Economics* of *Liberty*, Londres, Routledge, p. 165-198.

ARNSPERGER Christian [1998a], « Modernity and the Strange Demise of Utilitarianism », in B. SITTER-LIVER et P. CARONI (sous la dir. de), *Der Mensch — Ein Egoist ?*, Fribourg, Universitätsverlag Freiburg, p. 23-40.

ARNSPERGER Christian [1998b], « John Rawls et l'engagement moral », *Revue de métaphysique et de morale*, vol. 103, p. 237-257.

ARNSPERGER Christian [2000a], « Entre impartialité, horizons de sens et précarité existentielle : les fondements de l'éthique économique et sociale », in Ch. ARNSPERGER, J. LADRIÈRE et C. LARRÈRE, *Trois essais sur l'éthique économique et sociale*, Paris, Éditions de l'INRA.

ARNSPERGER Christian [2000b], « Échange, besoin, désir : l'économie de marché comme enjeu clé de l'éthique économique contemporaine », *Revue d'éthique et de théologie morale. Le Supplément*, n° 213.

ARNSPERGER Christian [2000c], « Le pluralisme au-delà de la raison et du pouvoir : l'ancrage "trans-raisonnable" de la raison libérale », *Revue philosophique de Louvain*, vol. 98, p. 83-106.

ARNSPERGER Christian [2002a], « Justice et économie : latitudes d'égalisation et obstacles existentiels », *Revue de métaphysique et de morale*, vol. 107, p. 7-26.

ARNSPERGER Christian [2002b], « La philosophie politique et l'irréductibilité des conflits », *Le Banquet*, mai 2002, p. 19-46.

ARROW Kenneth J. [1951], *Social Choice and Individual Values*, Chicago, Cowles Foundation Monographs.

AUDARD Catherine [1999], *Anthologie historique et critique de l'utilitarisme*, 3 vol., Paris, PUF.

AUDARD Catherine, DUPUY Jean-Pierre, SÈVE René (sous la dir. de) [1988], *Individualisme et justice sociale. À propos de John Rawls*, Paris, Seuil.

BAUMOL William J. [1991], *Perfect Markets and Easy Virtue. Business Ethics and the Invisible Hand*, Oxford, Blackwell.

BEITZ Charles R. [1979], *Political Theory and International Relations*, Princeton (NJ), Princeton University Press.

BELLET Maurice [1993], *La Seconde Humanité, ou de l'impasse majeure de ce que nous appelons économie*, Paris, Desclée de Brouwer.

BELLET Maurice [1998], *Le Sauvage indigné : la structure temporelle de l'action collective*, Paris, Desclée de Brouwer.

BENTHAM Jeremy [1798], *An Introduction to the Principles of Morals and Legislation*, in J. S. MILL, *Utilitarianism*, p. 33-77, Londres, Fontana, 1962.

BERGSON Abraham [1938], « A Reformulation of Certain Aspects of Welfare Economics », *Quarterly Journal of Economics*, vol. 52, p. 30-34.

BERTEN André, DA SILVEIRA Pablo, POURTOIS Hervé [1997], *Libéraux et communautariens*, Paris, PUF.

BIRNBACHER Dieter [1988], *Verantwortlichkeit für zukünftige Generationen*, Stuttgart, Reclam. Trad. franç. : *La Responsabilité envers les générations futures*, Paris, PUF, 1994.

BLACKORBY Charles, BOSSERT Walter, DONALDSON David [1995], « Intertemporal Population Ethics : Critical-Level Utilitarian Principles », *Econometrica*, vol. 63, p. 1303-1320.

BOLTANSKI Luc, THÉVENOT Alain [1991], *De la justification. Les économies de la grandeur*, Paris, Gallimard.

BOWIE Norman [1982], *Business Ethics*, Englewood Cliffs (NJ), Prentice Hall.

BRANDT Richard [1959], *Ethical Theory*, Englewood Cliffs (NJ), Prentice-Hall.

CARENS Joseph [1985], « Compensatory Justice and Social Institutions », *Economics and Philosophy*, vol. 1, p. 39-67.

CHAUVIER Stéphane [1999], *Justice internationale et solidarité*, Nîmes, Éditions Jacqueline Chambon.

COHEN Gerald A. [1988], *History, Labour and Freedom. Themes from Marx*, Oxford, Oxford University Press.

COHEN Gerald A. [1992], « Incentives, Inequality and Community », *in* G. B. PETERSON (sous la dir. de), *The Tanner Lectures on Human Values*, vol. XIII, p. 261-329, Salt Lake City, University of Utah Press.

COHEN Gerald A. [1995], *Self-Ownership, Freedom and Equality*, Cambridge, Cambridge University Press.

COHEN Gerald A. [1999], *If You Are An Egalitarian, How Come You Are So Rich ?*, Cambridge, Harvard University Press.

CONDORCET Jean-Antoine-Nicolas Caritat, marquis de [1785], « Essai sur l'application de l'analyse à la probabilité des décisions prises à la pluralité des voix », *in Sur les élections et autres textes*, Paris, Fayard, 1986.

DUPUY Jean-Pierre [1999], *Éthique et philosophie de l'action*, Paris, Ellipses.

DWORKIN Ronald [1981], « What is Equality ? Part II : Equality of Resources », *Philosophy and Public Affairs*, vol. 10, p. 283-345.

DWORKIN Ronald [2000], *Sovereign Virtue. The Theory and Practice of Equality*, Cambridge (MA), Harvard University Press.

ETZIONI Amitai [1993], *The Spirit of Community : Rights, Responsibilities and the Communitarian Agenda*, New York, Harper Collins.

FERRY Jean-Marc [1994], *Philosophie de la communication. Tome 2 : Justice politique et démocratie procédurale*, Paris, Cerf.

FLEURBAEY Marc [1995], *Théories économiques de la justice*, Paris, Economica.

FLEURBAEY Marc, MONGIN Philippe (sous la dir. de) [1998], *L'économie normative*, numéro spécial de la *Revue économique*, vol. 50.

FOURIER Charles [1836], *La Fausse Industrie, morcelée, répugnante, mensongère, et l'antidote, l'industrie naturelle, combinée, attrayante, véridique, donnant quadruple produit et perfection extrême en toutes qualités*, Paris, Anthropos, 1967.

FRIEDMAN David [1978], *The Machinery of Freedom. Guide to Radical Capitalism*, New Rochelle (NY), Arlinton House.

GAUTHIER David [1986], *Morals by Agreement*, Oxford, Oxford University Press.

GEORGE Henry [1879], *Progress and Poverty*, Londres, The Hogarth Press, 1953.

GODINO Roger [1999], « Pour la création d'une allocation compensatrice de revenu », *in* R. GODINO *et al.*, « Pour une réforme du RMI », *Notes de la Fondation Saint-Simon*, n° 104, p. 7-20.

GUILLARME Bertrand [1999], *Rawls et l'égalité démocratique*, Paris, PUF.

HABERMAS Jürgen, RAWLS John [1997], *Débat sur la justice politique*, Paris, Cerf.

HARSANYI John C. [1953], « Cardinal Utility in Welfare Economics and in the Theory of Risk-Taking », *Journal of Political Economy*, vol. 61, p. 434-435.

HARSANYI John C. [1955], « Cardinal Welfare, Individualistic Ethics and the Interpersonal Comparison of Utility », *Journal of Political Economy*, vol. 63, p. 309-321.

HARSANYI John C. [1975], « Can the Maximin Principle Serve as a Basis for Morality ? A Critique of John Rawls's Theory », *American Political Science Review*, vol. 59, p. 594-606.

HAYEK Friedrich A. von [1960], *The Constitution of Liberty*, Londres, Routledge & Kegan Paul.

HOSPERS John [1971], *Libertarianism. A Political Philosophy Whose Time Has Come*, Santa Barbara (CA), Reason Press.

HUMBOLDT Alexander von [1792], *Ideen zu einem Versuch, die Grenzen der Wirksamkeit des Staats zu bestimmen*, Stuttgart, Reclam, 1967.

HUME David [1751], « An Enquiry Concerning the Principles of Morals », *in* David HUME, *Enquiries Concerning Human Understanding and Concerning the Principles of Morals*, Oxford, Oxford University Press, 1975, p. 167-323. Trad. franç. : *Enquête sur les principes de la morale*, Paris, Garnier-Flammarion, 1983.

KANT Immanuel [1785], *Grundlegung zur Metaphysik der Sitten*, Stuttgart, Reclam, 1970. Trad. franç. : *Fondements de la métaphysique des mœurs*, Paris, Delagrave, 1967.

KIRZNER Israel M. [1979], *Perception, Opportunity, and Profit. Studies in the Theory of Entrepreneurship*, Chicago, University of Chicago Press.

KOLM Serge-Christophe [1993], « The Impossibility of Utilitarianism », *in* P. KOSLOWSKI et Y. SHIONOYA (sous la dir. de), *The Good and the Economical*, p. 30-66, Berlin, Springer.

KREBS Angelika (sous la dir. de) [2000], *Basic Income ? A Symposium on P. Van Parijs's Real Freedom for All*, numéro spécial de *Analyse und Kritik*, 22(2).

KYMLICKA Will [1990], *Contemporary Political Philosophy :*

An Introduction, Oxford, Oxford University Press. Trad. franç. : *Les Théories de la justice*, Paris, La Découverte, 1999.

LACROIX Justine [2001], *Michael Walzer : le pluralisme et l'universel*, Paris, Michalon.

LIPOVETSKY Gilles [1992], *Le Crépuscule du devoir. L'éthique indolore des nouveaux temps démocratiques*, Paris, Gallimard.

LOCKE John [1690], « Second Treatise on Government », *in* John LOCKE, *Of Civil Government*, Londres, Dent & Sons, 1924, p. 115-242. Trad. franç. : *Traité du gouvernement civil*, Paris, Garnier-Flammarion, 1984.

MACINTYRE Alasdair [1981], *After Virtue : A Study in Moral Theory*, Notre Dame, Notre Dame University Press. Trad. franç. : *Après la vertu*, Paris, PUF, 1997.

MARCIANO Alain [1999], *Éthiques de l'économie*, Bruxelles, De Boeck.

MARX Karl [1867], *Le Capital, tome 1*, *in* Karl MARX, *Œuvres*, Paris, Pléiade, Gallimard, 1963-1968.

MARX Karl [1875], *Critique du programme du Gotha*, *in* Karl MARX, *Œuvres*, Paris, Pléiade, Gallimard, 1963-1968.

MAUSS [2000], « Éthique et économie : l'impossible (re)mariage ? », numéro spécial de la *Revue du MAUSS semestrielle*, n° 15.

MILL John Stuart [1861], *Utilitarianism*, Londres, Fontana, 1962. Trad. franç. : *L'Utilitarisme*, Paris, Garnier-Flammarion, 1988.

MISES Ludwig von [1940], *Human Action. A Treatise on Economics*, New Haven (CN), Yale University Press.

MUÑOZ-DARDÉ Véronique [2000], *La Justice sociale. Le libéralisme égalitaire de John Rawls*, Paris, Nathan.

MUSGRAVE Richard [1974], « Maximin, Uncertainty, and the Leisure Trade-Off », *Quarterly Journal of Economics*, vol. 88, p. 625-632.

NOZICK Robert [1974], *Anarchy, State and Utopia*, Oxford, Blackwell. Trad. franç. : *Anarchie, État et utopie*, Paris, PUF, 1988.

PAINE Thomas [1796], « Agrarian justice », *in* M. FOOT et I. KRAMNICH (sous la dir. de), *The Thomas Paine Reader*, p. 471-489, Harmondsworth, Penguin, 1987. Trad. franç. : « La justice agraire », *Bulletin du MAUSS*, vol. 7, n° 1, 1996.

PARFIT Derek [1984], *Reasons and Persons*, Oxford, Oxford University Press.

PHELPS Edmund S. [1997], *Rewarding Work*, Cambridge (MA), Harvard University Press.

POGGE Thomas W. [1994], « An Egalitarian Law of Peoples », *Philosophy and Public Affairs*, vol. 23, p. 195-224.

RAWLS John [1951], « Outline of a Decision Procedure for Ethics », *in* John RAWLS, *Collected Papers*, p. 1-19, Cambridge (MA), Harvard University Press, 1999.

RAWLS John [1967], « Distributive Justice », *in* John RAWLS, *Collected Papers*, p. 130-153, Cambridge (MA), Harvard University Press, 1999.

RAWLS John [1971], *A Theory of Justice*, Cambridge (MA), Harvard University Press, 1972. Trad. franç. : *Théorie de la justice*, Paris, Seuil, 1987.

RAWLS John [1974], « Reply to Alexander and Musgrave », *Quarterly Journal of Economics*, vol. 88, p. 633-655.

RAWLS John [1975], « A Kantian Conception of Equality », *in* John RAWLS, *Collected Papers*, p. 254-266, Cambridge (MA), Harvard University Press, 1999.

RAWLS John [1990], *Justice as Fairness : A Restatement*, inédit, Harvard University, Department of Philosophy.

RAWLS John [1993a], *Political Liberalism*, New York, Columbia University Press. Trad. franç. : *Libéralisme politique*, Paris, PUF, 1995.

RAWLS John [1993b], « The Law of Peoples », *in* John RAWLS, *Collected Papers*, p. 529-564, Cambridge (MA), Harvard University Press, 1999. Trad. franç. : *Le Droit des gens*, Paris, Éditions Esprit, 1996.

RAWLS John [1999], *The Law of Peoples*, Cambridge (MA), Harvard University Press.

REEVE Andrew, WILLIAMS Andrew (sous la dir. de) [2003], *Real Libertarianism Assessed. Political Theory after Van Parijs*, Basingstoke : Palgrave.

ROEMER John E. [1982], *A General Theory of Exploitation and Class*, Cambridge (MA), Harvard University Press.

ROEMER, John E. [1988], *Free to Lose : An Introduction to Marxist Economic Philosophy*, Cambridge (MA), Harvard University Press et Londres, Radius Books.

ROEMER John E. [1994], *Egalitarian Perspectives*, Cambridge (MA), Cambridge University Press.

ROEMER John E. [1995], *Theories of Distributive Justice*, Cambridge (MA), Harvard University Press.

ROEMER John E. [1998], *Equality of Opportunity*, Cambridge (MA), Harvard University Press.

ROJZMAN Charles [1999], *La Peur, la Haine et la Démocratie*, Paris, Desclée de Brouwer.

RORTY Richard [1988], « The Priority of Democracy to Philosophy », *in* M. PETERSON et R. VAUGHAN (sous la dir. de), *Virginia Statute of Religious Freedom*, Cambridge (MA), Cambridge University Press, p. 257-288.

ROTHBARD Murray N. [1973], *For a New Liberty. The Libertarian Manifesto*, New York et Londres, Collier.

SANDEL Michael [1982], *Liberalism and the Limits of Justice*, Cambridge (MA), Cambridge University Press. Trad. franç. : *Le Libéralisme et les limites de la justice*, Paris, Seuil, 1999.

SEN Amartya [1970], *Collective Choice and Social Welfare*, Amsterdam, North-Holland.

SEN Amartya [1973], *On Economic Inequality*, Oxford, Oxford University Press.

SEN Amartya [1985]. *Commodities and Capabilities*, Amsterdam, North-Holland.

SEN Amartya [1992], *Inequality Reexamined*, Oxford, Oxford University Press. Trad. franç. :

Repenser l'inégalité, Paris, Seuil, 2000.
SIDGWICK Henry [1874], *The Methods of Ethics*, Londres, Macmillan.
STEINER Hillel [1994], *An Essay on Rights*, Oxford, Blackwell.
STOLERU Lionel [1974], *Vaincre la pauvreté dans les pays riches*, Paris, Flammarion.
TAYLOR Charles [1992], *The Malaise of Modernity*, Concord (Ontario), Anausi. Trad. franç. : *Le Malaise de la modernité*, Paris, Cerf, 1994.
TOBIN James [1966], « The Case for an Income Guarantee », *The Public Interest*, vol. 4, p. 31-41.
VALLENTYNE Peter [1998], « Le libertarisme de gauche et la justice », *Revue économique*, vol. 50, p. 859-878.
VANDENBROUCKE Frank [2000], *Social Justice and Individual Ethics in an Open Society : Equality, Responsibility, and Incentives*, Berlin et New York, Springer.
VAN PARIJS Philippe [1991], *Qu'est-ce qu'une société juste ? Introduction à la pratique de la philosophie politique*, Paris, Seuil.
VAN PARIJS Philippe [1993], *Marxism Recycled*, Cambridge (MA), Cambridge University Press.
VAN PARIJS Philippe [1995a], *Real Freedom for All. What (if anything) Can Justify Capitalism ?*, Oxford, Oxford University Press.
VAN PARIJS Philippe [1995b], *Sauver la solidarité*, Paris, Cerf.
VAN PARIJS Philippe *et al.* [2001], *What's Wrong with a Free Lunch ?*, Boston, Beacon Press.
VAN PARIJS Philippe [2002a], « Difference Principles », *in* S. FREEMAN (sous la dir. de), *The Cambridge Companion to John Rawls*, New York, Cambridge University Press, p. 200-240.
VAN PARIJS Philippe [2002b], *The Spotlight and the Microphone*, Chaire Hoover, DOCH 92, www.etes.ucl.ac.be/Publications/dochs.htm.
VATTIMO Gianni [1985], *La fine della modernità*, Milan, Garzanti.
WALZER Michael [1983], *Spheres of Justice*, New York, Basic Books. Trad. franç. : *Les Sphères de la justice*, Paris, Seuil, 1995.
WALZER Michael [1990], « The Communitarian Critique of Liberalism », *Political Theory*, vol. 18, p. 6-23. Trad. franç. : « La critique communautarienne du libéralisme », *in* BERTEN, DA SILVEIRA et POURTOIS [1997], p. 311-336.
WALZER Michael [1997], *Pluralisme et démocratie*, Paris, Éditions Esprit.
WILLIAMS Andrew [1998], « Incentives, Inequality and Publicity », *Philosophy and Public Affairs*, vol. 27, p. 226-248.

Table des matières

Prologue : L'éthique économique et sociale, version « moderne » 3
  1. Jugements de valeur et jugements de fait 4
  2. L'objet de l'éthique économique et sociale 5
    L'éthique économique 5
    L'éthique sociale 6
  3. La méthode de l'équilibre réfléchi 8
    Le défi de Hume 8
    Une quête de cohérence, non de fondement
      absolu 9
  4. Le privilège de la justice sociale 10
  5. Quatre approches 12

PREMIÈRE PARTIE :
QUATRE POINTS CARDINAUX

I / L'utilitarisme 15
  1. La maximisation du bien-être agrégé 15
  2. Utilitarisme classique et utilitarisme moyen 18
  *3. Le problème de la mesure et l'économie
     du bien-être parétienne* 21
  *4. La théorie du choix social et le paradoxe
     de Condorcet* 22
  5. La question des inégalités 24
  *6. Les droits fondamentaux sont-ils bafoués
     et instrumentalisés ?* 26

II / Le libertarisme 29
  1. Le principe de propriété de soi 29
  2. Le principe de juste circulation 31
  3. Le principe d'appropriation originelle 33

4. Une conception strictement « procédurale » de la justice	37
5. Mise en œuvre	38
Une table rase inaugurale ?	38
Un anarcho-capitalisme ?	39
6. Souci de liberté ou fétichisme des droits ?	40
L'efficacité	40
L'égalité	41
La liberté ?	41

III / Le marxisme 43
 1. La dimension éthique du marxisme 43
 2. L'efficacité du socialisme et l'aliénation 46
 3. La justice du socialisme et l'exploitation 48
 4. Le droit du travailleur au fruit de son travail .. 50
 5. L'échange inégal 51
 6. L'inégalité de dotations 53

IV / L'égalitarisme libéral de John Rawls 56
 1. Les biens premiers 56
 2. Les principes d'égale liberté et d'égalité équitable des chances 59
 3. Le principe de différence 60
 4. La hiérarchie des trois principes 62
 5. La justification par la position originelle 65
 6. Socialisme libéral et démocratie des propriétaires 66

V / Variations à partir de Rawls 70
 1. Justice et travail 70
 Faut-il subventionner les surfers de Malibu ? 70
 Le loisir comme bien premier 72
 Le maximin des dons 73
 2. Justice et handicap 75
 L'égalité des chances de bien-être 76
 La justice comme égalité des capacités fondamentales 77
 La diversité non dominée 78
 L'égalité des ressources 79
 3. Justice et nation 81
 Une position originelle pour les peuples ? 81
 Un principe de différence global 83

DEUXIÈME PARTIE :
DEUX PROBLÉMATIQUES EN GUISE D'EXEMPLES

VI / Les soins de santé peuvent-ils être laissés au libre jeu du marché ? 87
  1. L'utilitarisme : de la présomption pour le marché au calcul des QALYs 88
    Une présomption pour le marché 88
    Les bienfaits de l'assurance obligatoire 89
    Quelle analyse coût-bénéfice ? 90
  2. Le libertarisme : la souveraineté des patients et des soignants 91
  3. Le marxisme : réduire l'exploitation par les besoins 92
    L'exploitation capitaliste renforcée 92
    L'exploitation généralisée 93
  4. L'égalitarisme libéral : une assurance santé de base 94
    Une présomption en faveur d'une redistribution en espèces 94
    Un exercice sous voile d'ignorance 95

VII / Faut-il ouvrir les frontières ? 97
  1. L'utilitarisme : l'écheveau des externalités 97
  2. Le libertarisme : le droit fondamental à la mobilité universelle 100
  3. Le marxisme : abolir l'exploitation nationale 101
  4. L'égalitarisme libéral : deux versions diamétralement opposées 103
    Le droit des peuples à se protéger 103
    Une présomption pour la mobilité 103
    La concurrence entre États 104

Épilogue / Justice sociale et éthique personnelle 106
  1. La division du travail moral 106
    Le dualisme de Rawls : prendre au sérieux le pluralisme 106
    Le défi de Cohen : les incitants comme rançon .. 107
    Agir sur les institutions informelles 109
    Susciter des dispositions solidaires 110
  2. Changer la vie ? 111

Repères bibliographiques 114

Collection

R E P È R E S

dirigée par
JEAN-PAUL PIRIOU

avec BERNARD COLASSE, PASCAL COMBEMALE, FRANÇOISE DREYFUS, HERVÉ HAMON, DOMINIQUE MERLLIÉ *et* CHRISTOPHE PROCHASSON

Affaire Dreyfus (L'), n° 141,
Vincent Duclert.
Aménagement du territoire (L'), n° 176,
Nicole de Montricher.
Analyse financière de l'entreprise (L'),
n° 153, Bernard Colasse.
Archives (Les), n° 324,
Sophie Cœuré et Vincent Duclert.
Argumentation dans la communication
(L'), n° 204, Philippe Breton.
Balance des paiements (La), n° 359, Marc Raffinot, Baptiste Veinet.
Bibliothèques (Les),
n° 247, Anne-Marie Bertrand.
Bourse (La), n° 317,
Daniel Goyeau et Amine Tarazi.
Budget de l'État (Le), n° 33,
Maurice Baslé.
Calcul des coûts dans les organisations
(Le), n° 181, Pierre Mévellec.
Calcul économique (Le),
n° 89, Bernard Walliser.
Capitalisme financier (Le), n° 356,
Laurent Batsch.
Capitalisme historique (Le),
n° 29, Immanuel Wallerstein.
Catégories socioprofessionnelles (Les),
n° 62, Alain Desrosières
et Laurent Thévenot.
Catholiques en France depuis 1815 (Les),
n° 219, Denis Pelletier.
Chômage (Le), n° 22, Jacques Freyssinet.
Chronologie de la France au XXe siècle,
n° 286, Catherine Fhima.
Collectivités locales (Les),
n° 242, Jacques Hardy.
Commerce international (Le),
n° 65, Michel Rainelli.
Comptabilité anglo-saxonne (La), n° 201,
Peter Walton.
Comptabilité en perspective (La), n° 119,
Michel Capron.
Comptabilité nationale (La),
n° 57, Jean-Paul Piriou.
Concurrence imparfaite (La),
n° 146, Jean Gabszewicz.
Conditions de travail (Les), n° 301,
Michel Gollac et Serge Volkoff.

Consommation des Français (La) :
1. n° 279 ; **2.** n° 280,
Nicolas Herpin et Daniel Verger.
Constitutions françaises (Les), n° 184,
Olivier Le Cour Grandmaison.
Contrôle budgétaire (Le),
n° 340, Nicolas Berland.
Construction européenne (La), n° 326,
Guillaume Courty et Guillaume Devin.
Contrôle de gestion (Le), n° 227,
Alain Burlaud, Claude J. Simon.
Cour des comptes (La), n° 240,
Rémi Pellet.
Coût du travail et emploi,
n° 241, Jérôme Gautié.
Critique de l'organisation du travail,
n° 270, Thomas Coutrot.
Culture de masse en France (La) :
1. 1860-1930, n° 323, Dominique Kalifa.
Décentralisation (La), n° 44, Xavier Greffe.
Démocratisation de l'enseignement (La),
n° 345, Pierre Merle.
Démographie (La), n° 105, Jacques Vallin.
Dette des tiers mondes (La),
n° 136, Marc Raffinot.
Développement économique de l'Asie
orientale (Le), n° 172, Éric Bouteiller
et Michel Fouquin.
DOM-TOM (Les), n° 151, Gérard Belorgey
et Geneviève Bertrand.
Droit de la famille, n° 239,
Marie-France Nicolas-Maguin.
Droits de l'homme (Les),
n° 333, Danièle Lochak.
Droit du travail (Le),
n° 230, Michèle Bonnechère.
Droit international humanitaire (Le),
n° 196, Patricia Buirette.
Droit pénal, n° 225, Cécile Barberger.
Économie bancaire,
n° 268, Laurence Scialom.
Économie britannique depuis 1945 (L'),
n° 111, Véronique Riches.
Économie de l'Afrique (L'),
n° 117, Philippe Hugon.
Économie de l'automobile,
n° 171, Jean-Jacques Chanaron
et Yannick Lung.
Économie de l'environnement, n° 252,
Pierre Bontems et Gilles Rotillon.
Économie de l'euro,
n° 336, Agnès Benassy-Quéré
et Benoît Cœuré.
Économie française 2003 (L'),
n° 357, OFCE.
Économie de l'innovation,
n° 259, Dominique Guellec.
Économie de l'Italie (L'),
n° 175, Giovanni Balcet.
Économie de la connaissance (L'), n° 302,
Dominique Foray.

Économie de la culture (L'),
n° 192, Françoise Benhamou.
Économie de la drogue (L'),
n° 213, Pierre Kopp.
Économie de la firme, n° 361, Bernard Baudry.
Économie de la presse,
n° 283, Patrick Le Floch
et Nathalie Sonnac.
Économie de la réglementation (L'),
n° 238, François Lévêque.
Économie de la RFA (L'),
n° 77, Magali Demotes-Mainard.
Économie des États-Unis (L'),
n° 341, Hélène Baudchon et
Monique Fouet.
Économie des fusions et acquisitions,
n° 362, Nathalie Coutinet et Dominique Sagot-Duvauroux.
Économie des inégalités (L'),
n° 216, Thomas Piketty.
Économie des organisations (L'),
n° 86, Claude Menard.
Économie des relations interentreprises (L'), n° 165, Bernard Baudry.
Économie des réseaux,
n° 293, Nicolas Curien.
Économie des ressources humaines,
n° 271, François Stankiewicz.
Économie des services (L'),
n° 113, Jean Gadrey.
Économie du droit, n° 261, Thierry Kirat.
Économie du Japon (L'),
n° 235, Évelyne Dourille-Feer.
Économie du sport (L'),
n° 309, Jean-François Bourg
et Jean-Jacques Gouguet.
Économie et écologie, n° 158,
Frank-Dominique Vivien.
Économie informelle dans le tiers monde (L'), n° 155, Bruno Lautier.
Économie marxiste du capitalisme, n° 349, Gérard Duménil et Dominique Lévy.
Économie mondiale 2003 (L'),
n° 348, CEPII.
Économie mondiale des matières premières (L'), n° 76, Pierre-Noël Giraud.
Économie sociale (L'),
n° 148, Claude Vienney.
Emploi en France (L'),
n° 68, Dominique Gambier
et Michel Vernières.
Employés (Les), n° 142, Alain Chenu.
Ergonomie (L'), n° 43,
Maurice de Montmollin.
Éthique dans les entreprises (L'), n° 263, Samuel Mercier.
Éthique économique et sociale,
n° 300, Christian Arnsperger
et Philippe Van Parijs.
Étudiants (Les), n° 195, Olivier Galland et Marco Oberti.
Europe sociale (L'), n° 147, Daniel Lenoir.
Évaluation des politiques publiques (L'),
n° 329, Bernard Perret.
FMI (Le), n° 133, Patrick Lenain.
Fonction publique (La), n° 189,
Luc Rouban.
Formation professionnelle continue (La),
n° 28, Claude Dubar.
France face à la mondialisation (La),
n° 248, Anton Brender.
Front populaire (Le), n° 342,
Frédéric Monier.
Gouvernance de l'entreprise (La), n° 358,
Roland Perez.
Grandes économies européennes (Les),
n° 256, Jacques Mazier.
Guerre froide (La), n° 351,
Stanislas Jeannesson.
Histoire de l'administration,
n° 177, Yves Thomas.
Histoire de l'Algérie coloniale, 1830-1954,
n° 102, Benjamin Stora.
Histoire de l'Algérie depuis l'indépendance,
1. 1962-1988, n° 316, Benjamin Stora.
Histoire de l'Europe monétaire,
n° 250, Jean-Pierre Patat.
Histoire du féminisme,
n° 338, Michèle Riot-Sarcey.
Histoire de l'immigration, n° 327,
Marie-Claude Blanc-Chaléard.
Histoire de l'URSS, n° 150, Sabine Dullin.
**Histoire de la guerre d'Algérie,
1954-1962**, n° 115, Benjamin Stora.
Histoire de la philosophie,
n° 95, Christian Ruby.
Histoire de la société de l'information,
n° 312, Armand Mattelart.
**Histoire de la sociologie :
1. Avant 1918**, n° 109,
2. Depuis 1918, n° 110,
Charles-Henry Cuin et François Gresle.
Histoire des États-Unis depuis 1945 (L'),
n° 104, Jacques Portes.
Histoire des idées politiques en France au XIXe siècle, n° 243, Jérôme Grondeux.
Histoire des idées socialistes,
n° 223, Noëlline Castagnez.
Histoire des théories de l'argumentation,
n° 292, Philippe Breton et Gilles Gauthier.
Histoire des théories de la communication,
n° 174, Armand et Michèle Mattelart.
Histoire du Maroc depuis l'indépendance,
n° 346, Pierre Vermeren.
Histoire du Parti communiste français,
n° 269, Yves Santamaria.
Histoire du parti socialiste,
n° 222, Jacques Kergoat.
Histoire du radicalisme,
n° 139, Gérard Baal.
Histoire du travail des femmes,
n° 284, Françoise Battagliola.

Histoire politique de la IIIe République, n° 272, Gilles Candar.
Histoire politique de la IVe République, n° 299, Éric Duhamel.
Histoire sociale du cinéma français, n° 305, Yann Darré.
Indice des prix (L'), n° 9, Jean-Paul Piriou.
Industrie française (L'), n° 85, Michel Husson et Norbert Holcblat.
Inflation et désinflation, n° 48, Pierre Bezbakh.
Insécurité en France (L'), n° 353, Philippe Robert.
Introduction à Keynes, n° 258, Pascal Combemale.
Introduction à l'économie de Marx, n° 114, Pierre Salama et Tran Hai Hac.
Introduction à l'histoire de la France au XXe siècle, n° 285, Christophe Prochasson.
Introduction à la comptabilité d'entreprise, n° 191, Michel Capron et Michèle Lacombe-Saboly.
Introduction à la macroéconomie, n° 344, Anne Épaulard et Aude Pommeret.
Introduction à la microéconomie, n° 106, Gilles Rotillon.
Introduction à la philosophie politique, n° 197, Christian Ruby.
Introduction au droit, n° 156, Michèle Bonnechère.
Introduction aux sciences de la communication, n° 245, Daniel Bougnoux.
Introduction aux théories économiques, n° 262, Françoise Dubœuf.
Islam (L'), n° 82, Anne-Marie Delcambre.
Jeunes (Les), n° 27, Olivier Galland.
Judaïsme (Le), n° 203, Régine Azria.
Justice en France (La), n° 116, Dominique Vernier.
Lexique de sciences économiques et sociales, n° 202, Jean-Paul Piriou.
Libéralisme de Hayek (Le), n° 310, Gilles Dostaler.
Macroéconomie. Investissement (L'), n° 278, Patrick Villieu.
Macroéconomie. Consommation et épargne, n° 215, Patrick Villieu.
Macroéconomie financière :
  1. **Finance, croissance et cycles**, n° 307,
  2. **Crises financières et régulation monétaire**, n° 308, Michel Aglietta.
Management de la qualité (Le), n° 315, Michel Weill.
Management international (Le), n° 237, Isabelle Huault.
Marchés du travail en Europe (Les), n° 291, IRES.
Mathématiques des modèles dynamiques, n° 325, Sophie Jallais.
Méthode en sociologie (La), n° 194, Jean-Claude Combessie.

Méthodes de l'intervention psychosociologiques (Les), n° 347, Gérard Mendel et Jean-Luc Prades.
Méthodes en sociologie (Les) : l'observation, n° 234, Henri Peretz.
Méthodologie de l'investissement dans l'entreprise, n° 123, Daniel Fixari.
Métiers de l'hôpital (Les), n° 218, Christian Chevandier.
Microéconomie du travail (La), n° 354, Pierre Cahuc, André Zylberberg.
Mobilité sociale (La), n° 99, Dominique Merllié et Jean Prévot.
Modèle japonais de gestion (Le), n° 121, Annick Bourguignon.
Modèles productifs (Les), n° 298, Robert Boyer et Michel Freyssenet.
Modernisation des entreprises (La), n° 152, Danièle Linhart.
Mondialisation de la culture (La), n° 260, Jean-Pierre Warnier.
Mondialisation de l'économie (La) :
  1. **Genèse**, n° 198,
  2. **Problèmes**, n° 199, Jacques Adda.
Mondialisation et l'emploi (La), n° 343, Jean-Marie Cardebat.
Monnaie et ses mécanismes (La), n° 295, Dominique Plihon.
Multinationales globales (Les), n° 187, Wladimir Andreff.
Notion de culture dans les sciences sociales (La), n° 205, Denys Cuche.
Nouvelle économie (La), n° 303, Patrick Artus.
Nouvelle économie chinoise (La), n° 144, Françoise Lemoine.
Nouvelle histoire économique de la France contemporaine :
  1. **L'économie préindustrielle (1750-1840)**, n° 125, Jean-Pierre Daviet.
  2. **L'industrialisation (1830-1914)**, n° 78, Patrick Verley.
  3. **L'économie libérale à l'épreuve (1914-1948)**, n° 232, Alain Leménorel.
  4. **L'économie ouverte (1948-1990)**, n° 79, André Gueslin.
Nouvelle microéconomie (La), n° 126, Pierre Cahuc.
Nouvelle théorie du commerce international (La), n° 211, Michel Rainelli.
Nouvelles théories de la croissance (Les), n° 161, Dominique Guellec et Pierre Ralle.
Nouvelles théories du marché du travail (Les), n° 107, Anne Perrot.
ONU (L'), n° 145, Maurice Bertrand.
Organisation mondiale du commerce (L'), n° 193, Michel Rainelli.
Outils de la décision stratégique (Les) :
  1 : **Avant 1980**, n° 162,
  2 : **Depuis 1980**, n° 163, José Allouche et Géraldine Schmidt.

Personnes âgées (Les),
n° 224, Pascal Pochet.
Philosophie de Marx (La),
n° 124, Étienne Balibar.
Pierre Mendès France,
n° 157, Jean-Louis Rizzo.
Politique de la concurrence (La),
n° 339, Emmanuel Combe.
Politique de la famille (La), n° 352,
Jacques Commaille, Pierre Strobel
et Michel Villac.
Politique de l'emploi (La), n° 228, DARES.
Politique étrangère de la France depuis 1945 (La), n° 217, Frédéric Bozo.
Politique financière de l'entreprise (La),
n° 183, Christian Pierrat.
Population française (La),
n° 75, Jacques Vallin.
Population mondiale (La),
n° 45, Jacques Vallin.
Postcommunisme en Europe (Le), n° 266,
François Bafoil.
Presse des jeunes (La),
n° 334, Jean-Marie Charon.
Presse magazine (La),
n° 264, Jean-Marie Charon.
Presse quotidienne (La),
n° 188, Jean-Marie Charon.
Protection sociale (La), n° 72,
Numa Murard.
Protectionnisme (Le),
n° 322, Bernard Guillochon.
Protestants en France depuis 1789 (Les),
n° 273, Rémi Fabre.
Psychanalyse (La), n° 168,
Catherine Desprats-Péquignot.
Quel avenir pour nos retraites ?, n° 289,
Gaël Dupont et Henri Sterdyniak.
Question nationale au XIXe siècle (La),
n° 214, Patrick Cabanel.
Régime de Vichy (Le),
n° 206, Marc Olivier Baruch.
Régime politique de la Ve République (Le), n° 253, Bastien François.
Régimes politiques (Les),
n° 244, Arlette Heymann-Doat.
Régionalisation de l'économie mondiale (La), n° 288, Jean-Marc Siroën.
Revenu minimum garanti (Le),
n° 98, Chantal Euzéby.
Revenus en France (Les), n° 69,
Yves Chassard et Pierre Concialdi.
Santé des Français (La), n° 330,
Haut comité de la santé publique.
Sciences de l'éducation (Les), n° 129,
Éric Plaisance et Gérard Vergnaud.
Sexualité en France (La),
n° 221, Maryse Jaspard.
Société du risque (La),
n° 321, Patrick Peretti Watel.
Sociologie de Durkheim (La),
n° 154, Philippe Steiner.

Sociologie de Georg Simmel (La), n° 311,
Frédéric Vandenberghe.
Sociologie de l'architecture,
n° 314, Florent Champy.
Sociologie de l'art, n° 328,
Nathalie Heinich.
Sociologie de l'éducation,
n° 169, Marlaine Cacouault
et Françoise Œuvrard.
Sociologie de l'emploi,
n° 132, Margaret Maruani et
Emmanuèle Reynaud.
Sociologie de l'organisation sportive,
n° 281, William Gasparini.
Sociologie de la bourgeoisie,
n° 294, Michel Pinçon
et Monique Pinçon-Charlot.
Sociologie de la consommation,
n° 319, Nicolas Herpin.
Sociologie de la négociation, N° 350,
Reynald Bourque et Christian Thuderoz.
Sociologie de la prison,
n° 318, Philippe Combessie.
Sociologie de Marx (La),
n° 173, Jean-Pierre Durand.
Sociologie de Norbert Elias (La), n° 233,
Nathalie Heinich.
Sociologie des cadres,
n° 290, Paul Bouffartigue
et Charles Gadea.
Sociologie des entreprises, n° 210,
Christian Thuderoz.
Sociologie des mouvements sociaux,
n° 207, Erik Neveu.
Sociologie des organisations,
n° 249, Lusin Bagla.
Sociologie des relations internationales,
n° 335, Guillaume Devin.
Sociologie des relations professionnelles,
n° 186, Michel Lallement.
Sociologie des syndicats,
n° 304, Dominique Andolfatto
et Dominique Labbé.
Sociologie du chômage (La),
n° 179, Didier Demazière.
Sociologie du droit, n° 282,
Évelyne Séverin.
Sociologie du journalisme,
n° 313, Erik Neveu.
Sociologie du sida, n° 355,
Claude Thiaudière.
Sociologie du sport, n° 164,
Jacques Defrance.
Sociologie du travail (La),
n° 257, Sabine Erbès-Seguin.
Sociologie économique (La),
n° 274, Philippe Steiner.
Sociologie historique du politique, n° 209,
Yves Déloye.

Sociologie de la ville, n° 331, Yankel Fijalkow.
Sociologie et anthropologie de Marcel Mauss, n° 360, Camille Tarot.
Sondages d'opinion (Les), n° 38, Hélène Meynaud et Denis Duclos.
Stratégies des ressources humaines (Les), n° 137, Bernard Gazier.
Syndicalisme en France depuis 1945 (Le), n° 143, René Mouriaux.
Syndicalisme enseignant (Le), n° 212, Bertrand Geay.
Système éducatif (Le), n° 131, Maria Vasconcellos.
Système monétaire international (Le), n° 97, Michel Lelart.
Taux de change (Les), n° 103, Dominique Plihon.
Taux d'intérêt (Les), n° 251, A. Benassy-Quéré, L. Boone et V. Coudert.
Taxe Tobin (La), n° 337, Yves Jegourel.
Tests d'intelligence (Les), n° 229, Michel Huteau et Jacques Lautrey.
Théorie de la décision (La), n° 120, Robert Kast.
Théories économiques du développement (Les), n° 108, Elsa Assidon.
Théorie économique néoclassique (La) :
  1. Microéconomie, n° 275,
  2. Macroéconomie, n° 276,
  Bernard Guerrien.
Théories de la monnaie (Les), n° 226, Anne Lavigne et Jean-Paul Pollin.
Théories des crises économiques (Les), n° 56, Bernard Rosier.
Théories du salaire (Les), n° 138, Bénédicte Reynaud.
Théories sociologiques de la famille (Les), n° 236, Catherine Cicchelli-Pugeault et Vincenzo Cicchelli.
Tiers monde (Le), n° 53, Henri Rouillé d'Orfeuil.
Travail des enfants dans le monde (Le), n° 265, Bénédicte Manier.
Travail et emploi des femmes, n° 287, Margaret Maruani.
Travailleurs sociaux (Les), n° 23, Jacques Ion et Bertrand Ravon.
Union européenne (L'), n° 170, Jacques Léonard et Christian Hen.
Urbanisme (L'), n° 96, Jean-François Tribillon.

Dictionnaires
R   E   P   È   R   E   S

Dictionnaire de gestion, Élie Cohen.
Dictionnaire d'analyse économique, *microéconomie, macroéconomie, théorie des jeux, etc.*, Bernard Guerrien.

Guides
R   E   P   È   R   E   S

L'art de la thèse, *Comment préparer et rédiger une thèse de doctorat, un mémoire de DEA ou de maîtrise ou tout autre travail universitaire*, Michel Beaud.
Les ficelles du métier. *Comment conduire sa recherche en sciences sociales*, Howard S. Becker.
Guide des méthodes de l'archéologie, Jean-Paul Demoule, François Giligny, Anne Lehoërff, Alain Schnapp.
Guide du stage en entreprise, Michel Villette.
Guide de l'enquête de terrain, Stéphane Beaud, Florence Weber.
Manuel de journalisme. *Écrire pour le journal*, Yves Agnès.
Voir, comprendre, analyser les images, Laurent Gervereau.

Manuels
R   E   P   È   R   E   S

Analyse macroéconomique 1.
Analyse macroéconomique 2.
17 auteurs sous la direction de Jean-Olivier Hairault.
Une histoire de la comptabilité nationale, André Vanoli.

Composition Facompo, Lisieux (Calvados)
Achevé d'imprimer en décembre 2002 sur les presses
de l'imprimerie Campin, Tournai (Belgique)
Dépôt légal : janvier 2003